日本企業の生きる道。

長谷川慶太郎

PHP

はじめに

第二次安倍政権誕生から二カ月余り、民主党政権が終わったことへの国民の安堵感からか、あるいは、「アベノミクス」に対する過剰な期待感からか、急速な株高&円安が進み、二〇一三年二月初旬、株価はリーマン・ショック以降、最高値の一万一千四百円超、為替も一ドル＝九十三円台をつけた。これで輸出依存度の高い大手メーカーが、収益的にホッとひと息つけたのは事実である。

だが、アベノミクスのいわゆる〝三本の矢〟、すなわち「大胆な金融政策」「機動的な財政政策」「民間投資を喚起する成長戦略」にしても、まだ何ら具体的に実行されてはおらず、それらが真の経済成長につながるかどうか、判断は早計である。

一方で海外を見渡すと、新年早々、アルジェリアで邦人十人を含む多数の外国人が拘束・殺害される人質事件が起こり、日本経済を震撼《しんかん》させた。今後、邦人を狙ったテロや人質事件が頻発するとの見方も渦巻いている。

わけても、隣国・中国では、長年の懸案である領土問題、昨年来の反日デモ問題に加え、ここにきて、中国海軍艦艇による海上自衛隊艦艇への射撃用火器管制レーダー照射事件が起こり、日中関係は緊迫の度を増している。一部の日系企業では、すでに中国からの撤退を計画しているにもかかわらず、マーケットとしての魅力に抗《あらが》えず、実行に二の足を踏む企業も多いと聞く。

こうした内外の厳しい経済環境のなか、果たして日本企業は〝次なる成長〟をどこに求めればよいのか――。

私は以前から、「二十一世紀は〝デフレの世紀〟となる」と言い続けてきた。だが、「デフレだから不況なのだ」とする見解には与《くみ》しない。ましてや、小手先の金融政策や財政政策によってデフレを克服すれば、即、景気がよくなるとも思えない。やはり日本の場合、景気回復の原動力は〝モノづくり〟であるべきだ。

そこで本書では、欧州、アメリカ、中国……と、二〇一三年のカギを握る国際情勢の行方を読み解いたうえで、日本企業のもつ弱みと強みを徹底分析する。いまだ衰えぬ世界トップクラスの技術力を武器に、日本企業が国際競争を勝ち抜くためのヒントを示した。

もう一つの隣国・韓国の家電メーカーの猛追はあるが、〝モノづくり国家〟日本は、まだまだ自信を失う必要はない。本書を手に取った読者が、「これぞ日本企業の生きる道だ！」とばかりに、わが意を得て、日々のビジネス活動に臨んでくれることを期待してやまない。

最後に、本書の出版にあたり、ＰＨＰ研究所第一出版局の山岡勇二局長、書籍第一部の白地利成主事のお力を借りた。記して謝意を表したい。

二〇一三年二月

長谷川慶太郎

日本企業の生きる道。

【目次】

◆はじめに　1

第一章　ユーロ崩壊

フランス三大銀行が潰れる日

第二章

アメリカ復活

「シェールガス革命」で資源大国に

第三章

中国内戦

失業者デモと揺らぐ習近平体制

第四章 日本の実力

第五章　日本の誇り

いまだ衰えぬ世界トップの技術力

第六章 日本の活路

装丁＝原 大輔（ＳＬＯＷ ｉｎｃ．）
編集協力＝加藤貴之

第一章

ユーロ崩壊

フランス三大銀行が潰れる日

ギリシア、イタリア、スペインだけではない。
労使問題が足枷となり、企業の経営再建も進まず

フランス三大銀行の経営が危ない

欧州の危機がひと息ついたかのようにみられている。しかし、危機はまだ収束していない。より深刻化しているといってもいい。私が注目しているのが、フランスの三大銀行である。

最大手の「BNPパリバ」、第二位の「ソシエテ・ジェネラル」、第三位の「クレディ・アグリコル」は、ともに厳しい経営状態が続いており、いずれの銀行が経営破綻に陥ってもおかしくない。

三行は、南欧諸国の国債を多数保有しており、膨大なリスク資産を抱えている。中核事業に経営資源を集中させるため、各行とも、ギリシア、エジプトなどの海外事業を縮小し、資産売却を急いでいる状況だ。

BNPパリバはエジプトの子会社の売却を発表し、ソシエテ・ジェネラルもエジプト部門の売却を決めた。また、ギリシア関連では、ソシエテ・ジェネラル、クレディ・アグリコルの両行が、傘下に抱えるギリシアの銀行を売却する予定である。

各行は、資産売却にとどまらず、貸し剝《は》がしも行なっている。貸し付けていた融資の回収に走っているほか、借り換えもさせようとしない。たとえば、企業が一億ユーロを五年契約で借りたとする。通常は、契約期限がきたら、借り換え（ロールオーバー）をするものである。しかし、経営体力がなくなっている銀行は、借り換えを受け入れない姿勢である。

その影響は、フランスで事業活動をする企業全般に及んでいる。

一例を挙げると、「アルセロール・ミッタル」が、フランスのロレーヌ地方の二基の溶鉱炉を閉鎖するとしている。アルセロール・ミッタルは、インドに所在する鉄鋼会社「ミッタル」が、二〇〇六年にヨーロッパ最大の鉄鋼会社である「アルセロール」を系列に入れてできた、世界最大の鉄鋼会社である。

欧州経済の低迷で同社は業績が落ち込んでおり、銀行の貸し剝がしに対応するために、リストラをせざるを得ない状況に追い込まれている。

アルセロール・ミッタルは、フランス、ベルギー、ルクセンブルク、スペインの四カ国に多くの工場を所有しているが、ベルギー東部のリエージュにある工場を二〇一二年一月に閉鎖した。

リエージュという町は、近くに鉄鉱山があり、中世から鉄鋼の町として有名だった。リエージュのアルセロールの工場では約三千人が雇用されていたが、工場閉鎖によって、多数の雇用が失われた。リエージュの人口は約十八万五千人だが、いまや〝ゴーストタウン化〟してしまっている。顧客がいないから、商店の多くが閉鎖しているという。

フランス国内でも、溶鉱炉が閉鎖されれば、同様のことが起こるだろう。

フランスの銀行は、危機を乗り切るために、企業に対して貸し剝がしをするばかりか、個人向けのカードローンや住宅ローンも、借り換えを認めようとしない。

だが、これで国の経済活動が回っていくはずがない。銀行は自分の首を絞めているのと同じである。

このような状況が続くかぎり、フランスの銀行はいつ破綻の時期を迎えてもおかしくない。

もちろん、銀行が破綻しないように、政策的にはあらゆる手が打たれるはずである。世界の金融当局は、二〇〇八年までは銀行倒産による世界的影響の深刻さに対する認識は甘かったが、「リーマン・ショック」が世界経済を揺るがしたことで学習した。銀行に対するストレステストも行なわれている。しかし、政策的な対応だけで、銀行の収益が回復するわけではない。

破綻に至れば、資本を注入して、国有化することになるだろう。そのときの影響も考えておかなければいけない。フランスの三大銀行が倒産し、国有化される日がありうるということを念頭に置いておくべきである。

リストラでしか生き残れないフランス企業

フランスでは、二〇一二年五月の大統領選挙で、社会党のオランドが現職のサルコジを破って当選した。選挙戦でオランドが掲げた政策の一つが、十五万人の雇用創出である。

しかし、オランドの意向とは裏腹に、フランスの企業は次々とリストラ計画を発表している。

前述したように、鉄鋼業界では、アルセロール・ミッタルが稼働率の低い溶鉱炉の閉鎖を決め、人員削減を始めている。ロレーヌ地方のアルセロールの溶鉱炉を閉鎖すると、約六百人が解雇される。

自動車業界では、「プジョーシトロエン（PSA）」が、工場を閉鎖して八千人の従業員を削減する計画を発表し、「ルノー」も、フランス国内の従業員の一七％に相当する七千五百人を削減するとしている。フランスでは、欧州危機後に自動車の新車販売台数が大幅に減少し、各社ともリストラによって業績回復をせざるを得ない状況に追い込まれている。

通信機器大手の「アルカテル・ルーセント」も、世界で約五千人のリストラを計画しているし、製薬会社の「サノフィ」も二千五百人の削減を発表している。航空会社の「エールフランス」も、LCC（格安航空会社）との熾烈《しれつ》な競争にさらされて経営が苦しくなり、五千人以上の人員削減を予定している。米「グッドイヤー」も、フランス国内の工場閉鎖を計画しており、約一千二百人が解雇される可能性がある。

まさに、〝リストラ大旋風《せんぷう》〟といってもいいほどの状況である。

フランス企業のリストラ計画を単純合計するだけでも、三十万人を超えるとされる。それでも、各社はまだ削減が足りないと考えている。

オランド政権はこうした人員削減に反発しており、各社に圧力をかけ、いくつかの計画は撤回させている。いまのところ、企業側が一定の譲歩を示しているものの、最終的には、リストラを断行せざるを得ない状況に変わりはない。人員を削減してもなお、赤字体質から抜けきれない企業が多いからである。

フランス企業の最大の生き残り策は、リストラである。政府が圧力をかけたとしても、破綻を避けるために企業はリストラを続けるだろう。

フランス企業の競争力が弱い理由

フランス企業が業績を低下させているのは、欧州危機の影響だけではない。そこには、構造的な要因が二つある。

一つは、労使関係が硬直化していることだ。フランスでは、労働者の力が強く、企業は簡単に従業員を解雇できない。会社が危機的な状況に追い込まれるまでは、解雇は認められない。

労働者の力が強いのは、歴史的な経緯とも関係している。ヨーロッパは、東西冷戦時代には、ソ連と対峙《たいじ》する最前線であった。各国とも労働者層を懐柔するために、彼らに譲歩しないと国がもたなかった。この冷戦期間中に、欧州各国は労働者を手厚く保護する政策を採り入れた。

その結果、フランスを含む欧州各国はみな、解雇規制が強くなった。さらにフランスでは、賃金水準は個別企業の交渉ではなく、全国レベルで経営者と労働組合が団体交渉をして決める方式が採られている。一律に賃上げされるので、賃金水準が高くなるし、個別企業が経営不振に陥って賃下げをしようとしても認められない。個別企業には、賃下げをする権限がないのである。

フランス企業は経営の自由度が乏しく、景気が低迷すると打つ手がなくなり、急激に業績を悪化させる。欧州危機のような景気停滞が続くと、真っ先に影響を受けるのがフランス企業なのである。

硬直化した労使関係が続いているため、フランス企業はなかなか苦境を脱することができない。体力があるうちにリストラを進められればよいが、破綻寸前になってからでないと手を打てない。

フランス企業が低迷する二つ目の要因は、経営者が新しいことに取り組もうとしないことである。経営者があまりにも保守的になりすぎて、新規事業に挑戦しようとしないのだ。

第二章で詳述するように、アメリカでは「シェールガス革命」が起こっており、企業は新エネルギー源のシェールガス開発に積極的に資本投下している。この分野は、もっとも伸びる可能性があるからである。

シェールガスというのは、頁岩《けつがん》（シェール）のある場所ならどこにでも存在する可能性がある。頁岩は大きな河川沿いでわりと産出されるため、大きな河川があれば、そこにはシェールガスも存在している。石油のように、中東などの一部地域に偏在しているわけではなく、どの大陸のどの地域でも、シェールガスは産出の可能性を秘めている。

ヨーロッパは巨大な大陸であるにもかかわらず、フランスには、シェールガスの採掘・開発を手がけようとしている資本が一つもない。シェールガス開発に莫大な資本を投下しているアメリカ企業とは、大きな違いである。

シェールガスによってエネルギー革命が起これば、発電コストは大幅に下がり、企業の競争力が増す。そのチャンスを、保守的なフランス企業の経営者たちは〝みすみす〟逃していることになる。

このようにフランスでは、労働者側の力が強すぎることに加えて、経営者にも大きな問題があるため、企業が競争力を高めることができていない。だから、フランスと比べて解雇規制が弱く、また経営者がリスクを取って事業を行なおうとする、アメリカやドイツの企業に差をつけられるのだ。

以上のような理由で、フランス企業の競争力は、今後も高まらない状況が続くと予想される。政府の圧力でリストラも許されず、企業の業績がさらに悪化することになれば、三大銀行をはじめとする金融機関も大きな影響を受けるはずである。

経営者が権限を取り戻し、成長を取り戻したドイツ

ちなみにドイツには、第二次世界大戦後の一九五一年に制定された「共同決定法」という法律がある。ドイツの企業統治の仕組みは、役員会の上位に監査役会が置かれており、監査役会が役員の人事を決める。共同決定法は、監査役会に労働組合の代表者を参加させなければならないという法律である。

労働者代表が資本家と同等の権限で、共同で経営を決定することから、共同決定法

と呼ばれる。労働組合が役員の人事権をもっているため、労働者の権限が強くなり、企業は労働者に譲歩した経営をせざるを得ない。この法律が長いあいだ、ドイツの労使関係の根幹をなしていたのである。

しかしこの法律は、経営の自由を縛るものであり、ドイツ企業の競争力低下につながっていた。結果的には、経済全体に悪影響を及ぼし、失業率を増大させることになる。こうした共同決定法の弊害が議論されるようになった。

失業率を低下させるには、使用者側の経営の自由度を高めることが必要と判断され、ドイツでは共同決定法の適用範囲を変え、労働者の採用・解雇、昇進・降格については、その適用から外すことにした。これによりドイツ企業は、労働者に対して過度な譲歩をしなくてすむようになり、欧州諸国のなかでいち早くリストラを開始して、競争力を取り戻した。

労働者にとって不利になり、経営者にとって有利になったわけだが、結果としては、失業率低下につながったのである。

二〇〇五年には一一%を超えていたドイツの失業率は、リーマン・ショックがあったにもかかわらず、二〇一二年には五%台にまで低下している。一方、労働者保護の考え方が強いフランスの失業率は二〇〇五年には九％台だったが、二〇一二年には一〇％台に上昇している。

労働者保護を続けているフランスより、経営者が権限を取り戻して、企業が大胆なリストラを続けているドイツのほうが、失業率は低い。企業が競争力を取り戻さなければ、多くの従業員の雇用を維持できなくなるし、また、新規雇用も生まれないということだ。

ドイツのユーロ離脱はあり得ない

ドイツは、欧州経済における唯一の牽引者《けんいんしゃ》である。欧州危機のなかでユーロを支えることができる国は、ドイツ以外にはない。

他国を救済すればドイツの負担が重くなるため、ドイツ国民が反発し、ユーロを離脱するのではないかという見方もある。しかし、ドイツが離脱することはあり得ないと、私はみている。

なぜかといえば、ユーロを設立したときの歴史的な経緯があるからだ。

ベルリンの壁が崩れ〝東西ドイツ統一〟が俎上《そじょう》にのぼったとき、これに反対したのがフランスであった。第二次世界大戦時にフランスはドイツ軍に占領され、他の国々も占領下に置かれた。ドイツはヨーロッパ大陸の大半を支配し、イギリスに対しても容赦《ようしゃ》ない攻撃を加えた。

東西ドイツが統合されれば、ドイツの力が増してしまう。旧ドイツのような国家が復活することを恐れて、フランスは東西ドイツ統合に猛反対した。

統合を果たしたい西ドイツのコール首相は、フランスのミッテラン大統領に対して、ドイツがマルクを放棄し、フランスとの共通通貨を用いることを条件に、統合を認めてくれるように提案した。これが、現在の共通通貨「ユーロ」につながっているわけである。

フランスとしては、経済力でドイツに引き離されており、強いマルクを放棄させることは魅力的に映った。フランスは、金融と経済政策の両面でドイツがフランスの制約を受けることを条件に、共通通貨に合意し、ドイツ統合を認めることにした。

結果、一九九〇年に東西ドイツが統合され、九三年に欧州連合が発足。二〇〇二年からは共通通貨ユーロの使用が始まった。このような経緯があるため、ドイツはユーロを離脱するわけにはいかないのである。

ドイツは統一後、東ドイツの〝負の遺産〟をものともせずに乗り越えて、経済強国としての地位を確立した。ユーロ圏におけるドイツの経済力は突出しており、窮地《きゅうち》に陥った他国はドイツに頼らざるを得ない。フランスが頼りにならないから、ドイツの発言力はますます増している。

他国を救済すれば、ドイツの負担は増える。だが経済力の強いドイツなら、他国の面倒をみられないことはない。経済規模がドイツの十分の一にすぎないギリシアなど、その気になれば救済できる。

ドイツはいまや、ユーロ圏全体をコントロールする立場になったわけであり、ドイツの意向に逆らえる国はない。ヒトラーにもできなかった欧州支配を、経済の力で平和裏に実現してしまったのである。この立場を放棄してまで、あえてユーロを離脱するメリットがあるかどうかということだ。

モンティは〝労働市場改革〟を継続できるか

二〇〇九年にギリシア危機が起こったとき、イタリアはベルルスコーニ政権であった。ギリシア危機の余波は欧州全体を揺るがしたが、債務問題を抱えるイタリアへの影響も大きかった。イタリアの公的債務は対GDP比一二〇％を超えており、ユーロ圏ではギリシアに次いで公的債務の水準が高い。

イタリアはユーロ圏第三位の経済規模であり、イタリアが危機に陥れば、ユーロ圏全体への影響は計り知れない。そこでベルルスコーニ政権は、欧州連合に対して、緊縮財政を約束せざるを得なくなった。さらにベルルスコーニ政権は、IMF（国際通貨基金）の監視を受け入れることに同意した。主要先進国の一国がIMF監視下に置かれることになったのである。

ギリシア危機以降の欧州危機のなかで、イタリアで最初に反応した企業が、自動車会社の「フィアット」である。フィアットはいち早く、「産業総連盟」を脱退した。

イタリアでは、経営者の団体である産業総連盟と労働組合の全国組織の「労働総同盟」のトップが交渉することによって、賃金水準を決めていた。フィアットなどの個別企業が労働組合と交渉して、賃金水準を決めることはなかった。

産業総連盟と労働総同盟のトップ会談で賃金が決まってしまうため、個別企業にとっては、採算が合わない賃金水準を押しつけられることもある。

また、イタリアの労働法では、企業は業績悪化を理由にした解雇が制限されていた。イタリアも他の欧州諸国同様、硬直的な労使関係が長年続いており、それが企業の競争力を妨げていた。

ユーロ圏全体が経済危機を迎え、景気が落ち込むなか、解雇も許されず、高い賃金水準を維持したままの状態では、企業の存続に関わる。

フィアットは従来の雇用慣行から抜け出し、経営の自由を取り戻すため、産業総連盟を脱退することにしたのである。産業総連盟を抜ければ、制約を受けずに自主的に賃金を決めることができる。

その後、ベルルスコーニは、経済危機への対応と、自身の汚職疑惑などで窮地に立たされ、退陣を表明、政界を引退した。

ベルルスコーニに代わり、二〇一一年十一月、ナポリターノ大統領から指名を受けて、経済学者のモンティが首相に就任した。モンティは、フィアットの産業総連盟脱退などの流れに乗って、労働市場改革に着手した。

モンティ政権は、閣僚がすべて学者などの有識者で構成されており、国会議員が一人も入閣していない。学者集団であり、暫定内閣と見なされているため、思いきった政策を実行できる。

モンティが行なった最大の改革が〝労働市場改革〟である。これは、ドイツの改革に倣《なら》ったものだ。

モンティは、議会で労働市場改革法を成立させ、解雇規制を緩和する代わりに、失業手当を拡充することで、企業の雇用調整に道を拓《ひら》いた。また、ドイツから十五年遅れで、個別企業による労使交渉が認められることになった。

この流れが継続するかどうかが、今後のイタリアを占う重要なポイントとなる。

二〇一三年の総選挙では、引退したはずのベルルスコーニが復権を狙っている。モンティへの反発を強めているベルルスコーニ陣営が勝利をすれば、流れが変わってしまう可能性がある。

選挙の行方次第では、従来路線に逆戻りする可能性もあるが、モンティ陣営が勝利すれば、改革は定着していくことになるだろう。

デフォルトの危機を抜け出せないギリシア

ユーロ危機のきっかけは、いうまでもなくギリシアの債務問題である。ギリシアでは、政府が公表している統計数字に不備があり、財政赤字、累積債務残高ともに、実態は公表数字よりはるかに悪いことが判明した。ギリシア政府によって発表された財政健全化計画も根拠の乏しいものであり、格付け会社は、ギリシア国債の格付けを引き下げた。

ギリシアのデフォルトが懸念され、ギリシア国債は価格が下落。ギリシア国債を保有する金融機関などにいっせいに影響が出た。通貨ユーロも下がり、世界中の株価が下落して、危機が始まった。

ギリシア政府がこれほど財政赤字と債務を積み重ねたのは、公的部門の肥大化に原因がある。ギリシアでは、就業者の四分の一が公務員といわれるほど公務員が多い。人口約一千百万人のうち、一割に当たる約百十万人が公務員である。しかも、公務員の給与水準は民間企業よりもはるかに高い。これでは、公的債務が膨《ふく》らむのは当然である。

これほど公務員比率が高いのは異様に映るが、そこには、ヨーロッパ共通の労働者保護の考え方が大きく影響している。

ギリシアでは、民間企業が破綻すると、その企業をそのまま国有企業にしていた。従業員の雇用を守るためである。その結果、もとは民間企業の従業員だった者が、国有化で公務員になってしまった。失業率が上昇しない代わりに、税金で養う公務員の数が膨れ上がり、財政が悪化したのである。

前述したように、公務員は民間より給与水準が高いから、公務員になることで給与が上がることになる。こうした政策を長年続けた結果、ユーロに加盟する前には、ギリシア全体の賃金水準は、ドイツの三分の一程度であったのに対し、加盟後は、ドイツの八割の水準にまで上昇した。

公務員が増大することで、ギリシアは財政赤字と累積債務を膨らませていき、デフォルトの危機が囁《ささや》かれるまで、財政が悪化したのである。

二〇一二年三月に、ギリシアは、百四十五億ユーロという巨額の国債の償還期を迎えた。償還はかなり厳しいとみられ、デフォルト寸前であったが、民間投資家に債務削減を呑《の》ませたことで、三千五百億ユーロを超えていた債務が一千億ユーロ程度削減される見通しとなった。これを受けてＥＵとＩＭＦが金融支援を行なったことで、三月のデフォルトはなんとか回避することができた。

しかし、この段階で危機が去ったわけではない。

ギリシアはＥＵやＩＭＦからの支援を受けるためには、緊縮財政を採らざるを得ないが、緊縮財政に反対している国民も少なくない。反対派国民を押し切ってでも、緊縮財政を続けないと、再び、危機が再燃する可能性もある。また、過剰な公務員の問題も解決しないと、赤字体質からは抜け出せない。

ギリシアのユーロ離脱もない

ギリシアのユーロからの離脱があるといわれているが、ギリシアがユーロから離れることは不可能である。

ギリシアがユーロを離れれば、ギリシアに対するＥＵやＩＭＦの金融支援は凍結される。結果として、ギリシアの銀行はすべて倒産することになる。

ギリシアは、国債の償還も危ぶまれるくらいの国家であるから、新規に国債を発行しようとしても、引き受け手がいない。ギリシア政府には資金調達する術《すべ》がないから、銀行が経営危機に陥っても、資本注入することができない。

一方、ギリシア国民は自国の銀行を信用していないから、ユーロ預金を引き揚げて、外国の銀行に移し替えてしまう。その結果、ギリシアの銀行の預金はゼロになる。

預金がゼロで、資本注入もされなければ、銀行の資金は底をつく。

ギリシアがユーロを離脱すれば、通貨単位は「ドラクマ」に戻るだろうが、新ドラクマの価値は、おそらくユーロ加盟前の十分の一以下の水準になるはずだ。銀行に残っている貸出債権は、新ドラクマの単位に置き換わるから、貸出債権額は膨れ上がる。

貸出先の民間企業が返済することができればいいが、返済できずに倒産する企業が続出する。銀行は、八方塞《ふさ》がりで倒産するしかない。

企業が倒産し、銀行が倒産すれば、多くの国民は失業する。二〇%を超えている失業率は、おそらく八〇〜九〇%に増加するだろう。職はないのに、物価はハイパーインフレになり、ガソリン価格も上昇して、クルマに乗ることすらできなくなる。国としてまったく立ちゆかなくなり、ほんとうの意味でのギリシア国家の破綻となる。

国民は、そのような事態は望んでいないはずだ。ユーロ離脱による最悪のシナリオを考えれば、ユーロに残る道を選び、痛みをともなってでも財政再建に真剣に取り組むしかない。

財政状態を改善するために、ギリシア政府は脱税の摘発を始めた。ギリシアの所得税捕捉率は、四〇%程度しかなく、大半を把握できていなかった。この捕捉率を高めていく予定だ。ギリシアには多くの島があるが、GPSを利用して小さな島の一つひとつを監視し、固定資産税の脱税を摘発している。脱税分を一括して納入しない場合は、金融機関との取引を禁止したため、今後、所得税の税収は増加するとみられている。

「PIIGS」に飛び火した経済危機の行方

ギリシア危機以降、各国の膨らんだ債務が問題視され、スペイン、アイルランド、ポルトガル、イタリアにも危機が飛び火した。これらの国々（ギリシアを含む）の頭文字を取って、「PIIGS」と呼ばれている。

なかでも、イタリアに次ぐ経済規模のスペインは深刻である。

スペインでは、外国人が住宅を買って移住するなど、住宅需要が大きく、住宅バブルで不動産価格が高騰していた。ところが世界的な景気低迷で、この〝住宅バブル〟が弾《はじ》け、貸し付けていた金融機関は大量の不良債権を抱えることになった。経営状態が悪化していた七つの金融機関が、再編・合併されて大手銀行「バンキア」が誕生した。しかし結局、バンキアは多額の不良債権を抱えて経営危機に陥り、資本注入が行なわれて一部国有化された。これを機に、スペインの金融機関全体に対する懸念が広がっていった。

スペインの銀行を救済するために、ユーロ圏がスペインの銀行に対して最大一千億ユーロの支援を表明したが、格付け機関はスペイン国債の格付けを引き下げ、国債の価格は急落した。以後、スペインの危機は拡大していくことになった。

危機を乗り越えるため、スペイン政府は緊縮財政を推《お》し進めている。労働市場の改革にも着手しはじめた。スペインも他の欧州諸国同様に、硬直的な労使慣行が続いていたが、労働者を解雇するときに支払う一時金を引き下げ、産業別の組合との交渉をせずに労働者を解雇できる仕組みも導入することになった。

それでも経済の低迷は続き、二〇一二年にスペインの失業率は二五％を突破。若年失業率に至っては、五〇％を超えた。若者の二人に一人が失業者という深刻な事態である。

欧州危機を克服するには、根本原因である各国の債務への不安を払拭《ふっしょく》しなければならない。そこでEU加盟国は、二〇一二年三月に新財政協定を締結した。財政規律を強化するための協定である。

新協定以前は、単年度の財政赤字を三％以下（GDP比）、累積債務を一二％以下（同）としていたが、新協定後は、財政赤字〇・五％以下（同）、累積債務五％以下（同）に強化された。

これに違反すると、制裁が科される。農業、水資源保護分野などの補助金を受け取れなくなることもある。

多額の財政赤字を抱えるPIIGSにとって、単年度で財政赤字をGDP比〇・五%以下に抑えるのは、きわめて厳しい目標である。フランスも単年度で六%の財政赤字となっているから、〇・五%以下の達成は難しい。だが、これを達成しないと、フランスの場合は約二百八十億ユーロの補助金を受け取ることができなくなり、財政的に大きな負担となる。

イギリスとチェコはこの協議に参加していないが、参加国でGDP比〇・五%以下を達成できるのはドイツしかない。

欧州危機を乗り越えるため、欧州諸国はいずれも厳しい緊縮財政政策を採らざるを得なくなった。財政出動によって景気浮揚を図る余地は乏しいから、欧州の景気はしばらく低迷が続くだろう。

その影響をもっとも受けるのは、欧州への輸出比率が高い中国である。欧州の景気低迷が続けば、連鎖的に中国の低迷も長引くことになる。

日本企業においても、トヨタ自動車のようにユーロ圏に工場をいくつも抱えている会社は、欧州景気の影響を受ける。アメリカではよく売れるハイブリッド・カーも、ユーロ圏ではなかなか売れないようだ。

ユーロの景気低迷が続くことを見越して、日本の三菱自動車は早々とユーロ圏から撤収した。

第二章

アメリカ復活

「シェールガス革命」で資源大国に

中東産油国はたんなる「砂漠地帯」に――。
産業競争力は回復し、世界経済をリードする

アメリカの石油産出量が、世界最大のサウジを上回る日

リーマン・ショック以降、アメリカの経済力の衰えが囁《ささや》かれてきたが、いま、アメリカ経済は復活に向かって突き進んでいる。債務危機で低迷する欧州（第一章で既述）や、国内に不安定要因を多数抱えた中国（第三章で詳述）を尻目に、今後は、アメリカが独り勝ちの様相を呈していくであろう。

その最大の理由は、「シェールガス革命」である。

シェールガスは、世界の経済、軍事の状況を一変させるほどのインパクトがある。なんといっても、シェールガスは埋蔵量が膨大である。アメリカ・エネルギー省の推計では、人類全体が今後四百年間使用してもまだ余る量だという。中東の原油やロシアの天然ガスとは、比較にならない量である。

国際エネルギー機関（IEA）は、アメリカのシェールガス産出量は、二〇一五年に天然ガスでロシアを抜くとしている。シェールオイルも含めるとアメリカの石油産出量は、二〇一七年には世界最大のサウジアラビアを上回ると予想されている。今後

アメリカは、世界最大のエネルギー産出国になっていく。

繰り返すが、シェールガスとは、頁岩《けつがん》（シェール）という岩盤に含まれた天然ガスである。浅いところでも地下百m、深いところでは地下数千mに存在しており、取り出すには非常に高度な技術が必要となる。

頁岩は泥が堆積してできたもので、頁《ページ》をめくるように層が薄く割れることから、「頁岩」と呼ばれる。この頁岩に付着するかたちでオイルが含まれている。通常の天然ガスの場合は、パイプを通せば自然に噴き出してくるが、頁岩に含まれたオイルは、自然に噴き出してくることはない。

技術的に取り出すのが困難であったが、技術開発が進み、五百～千気圧の高圧の水で割れ目をつくることによって、押し出すかたちで取り出すことができるようになった。ガス状にして取り出したものが〝シェールガス〟、液状で取り出したものが〝シェールオイル〟である。

以前からシェールガスの存在自体は知られていたが、取り出す技術が開発されていなかった。しかし二〇〇〇年代半ば以降、シェールガス採掘が可能となり、一気に広がりをみせていったのである。

シェールガス開発にもっとも熱心に取り組んでいるのが、アメリカである。アメリカは、シェールガスを重要な国家戦略として位置づけた。それに比べると、他国の動きは非常に鈍い。

アメリカが世界最大の資源大国になり、他国に頼る必要のないエネルギーを自前で確保したことは、きわめて大きな意味をもつ。アメリカの産業競争力強化につながり、国力の増強となる。

アメリカの力に翳《かげ》りがみえるどころか、経済面でも軍事面でも、アメリカが独り勝ちする可能性がある。

シェールガス革命は、日米の技術力の結晶

アメリカは、エネルギー輸入大国である。アメリカの貿易赤字のうち、約半分は原油輸入代金で占められている。

二〇〇〇年代に入ってからは、世界的にエネルギー需要が高まったことで、原油価格が高騰し、アメリカは頭を痛めていた。

北米原油の指標であるＷＴＩ（ウェスト・テキサス・インターミディエート）価格は、一九九〇年代は一バレル（約百五十九ℓ）当たり二十ドル前後で推移していたのが、二〇〇〇年代から急上昇し、二〇〇八年には百四十七ドルにまで達した。リーマン・ショック後に一時、四十ドル台に下がったものの、二〇一一年以降は、再び九十ドル以上で推移している。ヨーロッパの原油指標も中東・アジアの原油指標も、ほぼ同様の動きである。

原油価格高騰に加えて、二〇〇〇年以降、アメリカ国内では既存の天然ガスの生産が減少していた。アメリカでは、ルイジアナ州とテキサス州に大きなガス田があり、そこからパイプラインを通じて、ニューヨーク、ペンシルベニア、マサチューセッツなどの消費地に天然ガスを供給していたが、それらのガス田が枯渇してきた。

国内の天然ガスが足りなくなったアメリカは、隣国のカナダ、メキシコからパイプラインを通じて天然ガスを輸入した。それでも足りなくなって、アフリカのナイジェリアでガス田と油田の開発に乗り出していた。二〇一〇年にはナイジェリアで、ＬＮＧ（液化天然ガス）をタンカーに積む工場を建設した。

アメリカはエネルギーを必要としており、さまざまな国からエネルギーを買おうとしていく。

エネルギー価格が高騰すると、エネルギー輸入大国であるアメリカの貿易赤字は増していた。世界的にもエネルギー需要が増して、エネルギー価格は高騰を続けた。

また、アメリカはクルマ社会であり、ガソリン価格は国民の生活に直結する。一般的に、ガソリン価格が一ガロン（約四ℓ）＝四ドルを超えると、暴動が起こるとすらいわれている。

新たなエネルギーを採掘することは、アメリカにとって国家的な課題であった。そのような事情で、本格的に新エネルギー開発が進められることになり、目を向けられたのが頁岩である。

アメリカは、資源探査や採掘分野で世界最高水準の技術をもっている。だが採掘技術だけで、シェールガスを取り出すことはできない。地中二千m以上に通しても壊れない、頑丈なパイプが必要となる。

深く打ち込んでも壊れることなく、高圧にも耐えられるパイプ。この技術を提供したのが、日本の鉄鋼メーカーである。

日本製の高性能なパイプは、強度が高く、他国には真似のできない製品であることは、それまでの天然ガス開発のときから知られていた。地中何千ｍもの深さの岩盤からガスを取り出すには、この日本製のパイプが不可欠だった。

つまりシェールガス革命は、〝アメリカの技術〟と〝日本の技術〟が協力し合ったことで始まったのである。今後もシェールガス採掘が進めば進むほど、日本製のパイプの需要は増していくから、日本にとってシェールガス革命は、大きなチャンスといえるだろう。

本格的な産出が進めば、世界のエネルギー地図は一変

頁岩は泥の堆積によるものなので、泥の堆積しやすい川沿いにも存在しているとされる。主に全長二千㎞を超える川の沿岸には頁岩があり、シェールガスが存在する可能性があるとみられている。

アメリカのミシシッピ川流域、カナダのセントローレンス川流域にシェール層が存在していることがわかっており、中南米のアマゾン川、ラプラタ川流域でもシェール層が見つかっている。

ヨーロッパのドナウ川、ボルガ川、中国の揚子江、黄河、ロシアのアムール川などの流域にも、シェールガスは存在している。ほかにも、オーストラリア、アフリカ、インドなど、あらゆる地域にシェールガスが存在している可能性があり、世界中の多くの国が産出国となる可能性をもっている。

原油のように、中東の特定地域に集中しているわけではないことが、大きなポイントである。多くの地域に大量に埋蔵されているわけだから、本格的な産出が進めば、世界のエネルギー地図が一変する。

世界中の大陸でシェールガスは採掘できるが、いまのところ、真剣に採掘に取り組んでいるのはアメリカだけである。ヨーロッパ諸国もアジア諸国も、どこも取り組んでいない。

中国には、アメリカを超える世界最大のシェールガス埋蔵量があるとみられているが、内陸部の砂漠地帯に集中しており、取り出すときに必要な水の入手が難しい。技術的な課題を克服しないと、取り出せない。

最大埋蔵量を誇るとされる中国が技術的な課題を抱えているため、シェールガスに関しては、当分のあいだ、アメリカの独り勝ち状態になっていく。

中東諸国の地位低下で、崩れる世界の軍事バランス

シェールガス革命で深刻な影響を受けるのは、中東諸国である。価格の安いシェールガス、シェールオイルが出回ると、中東の油が売れなくなる。これまで大きな力をもっていたＯＰＥＣ（石油輸出国機構）の発言権は、かぎりなくゼロに近づいていくはずだ。中東産油国が、たんなる「砂漠地帯」に戻る日がくるかもしれない。

中東諸国の資金力と地位が低下すれば、世界の軍事バランスも変わる。当然のことながら、アメリカの軍事戦略も変更される。

これまでは、中東諸国が莫大なオイルマネーによって力をもち得たから、それに対抗するために、アメリカは軍事力を行使して中東の力を抑止しなければならなかった。米軍は中東地域への配備で、莫大な軍事予算を投じていた。

しかし、中東諸国が資金力をもたない、たんなる砂漠地帯に戻れば、中東戦略に力を入れる必要はなくなる。中東の軍事予算を別のことに回すこともでき、さまざまな

政策を採れるようになる。

一方、中東にとっても、必ずしも悪い話ではない。アメリカの介入がなくなれば、自分たちで政治を動かすことができるようになり、他国の影響を受けなくてすむ。中東に平和な日々が訪れるかもしれない。

三百六十万人の雇用が創出され、GDPが三%拡大

シェールガスは埋蔵量が大量であるから、採掘が進めば、価格はいっそう低下する。これまでは、石炭がもっとも安いエネルギー源であったが、このままいけば、シェールガスは石炭よりもはるかに安いエネルギー源となる。

天然ガスの価格は二〇一一年時点で、単位熱量当たりで原油価格の五分の一にまで低下している。

価格の安いシェールガスで発電すれば、発電コストも安くなる。アメリカには小さな電力会社が三千社以上あり、価格引き下げを競っているが、シェールガスの活用によって、このところいっそう電力料金は下がっている。

しかしながら、主要な電力会社が十社に集約されている日本と異なり、小さな電力会社しかないため、資本力に乏しく、大規模な設備投資をすることができない。そのため、シェールガス開発を機に、電力会社の統合を進め、大規模で効率的な火力発電所をつくろうという動きが出てきている。

シェールガスを使った、大型で効率のよい発電所が稼働すれば、電気料金はさらに低下していく。ちなみにこうした発電所には、世界最高効率での発電が可能な日本の発電機が用いられることになる。重電機をつくっている日本のメーカーにとっては、大きなチャンスだ。

エネルギー料金、電気料金が低下することは、アメリカの製造業にとって、大きなメリットである。世界的な競争が激化するなか、少しでも製造コストを抑えることができれば、競争力を向上させることができる。

シェールガス産地のルイジアナ州のミシシッピ川沿岸では、製鋼会社や石油化学会社が工場建設を計画し、投資を始めている。安価なシェールガスやシェールオイルを利用すれば、より低コストで鉄をつくり、化学製品をつくることができる。

シェールガスを産出地から各地の発電所まで送る、パイプラインの敷設も予定されている。

パイプラインや工場への投資額は、五年間で総額二千二百六十億ドルに達する見込みである。

さらには、五大湖からカリフォルニア州南部まで三千㎞に及ぶ長大なパイプラインを敷設する計画も出てきている。カリフォルニア州から船に積んで他国にシェールガスを輸出することも、計画に入っている。

これらの産業界の動きは、アメリカのＧＤＰを高めていく。金融機関シティグループが発表したレポートでは、二〇二〇年までに最大三百六十万人の雇用が創出され、ＧＤＰは最大三％拡大する可能性があるとされている。

シェールガス革命は、今後のアメリカ経済の大きなエンジンとなるであろう。

豊富な資源に裏打ちされ、高まるドルの信用力

シェールガス革命で、アメリカの産業界は沸き立っている。エネルギー関連施設や、新たな石油化学工場などへの投資熱が盛んになってきた。

その影響は金融にも及んでいる。シェールガス革命で明るい見通しが出てきたことから、アメリカの株価は好調に推移している。シェールガスが本格的に普及すれば、今後さらに株価が伸びていく可能性がある。アメリカの株式市場はこれからも活況を呈していくだろう。

また、アメリカは「ドル」という世界最強通貨をもっている。

世界の貿易額は、年間約十五兆ドルと推定されており、その決済に基軸通貨のドルが使われている。年間十五兆ドルの貿易を動かすには、九十日決済で三兆七千五百億ドルの貿易金融が必要になる。

これほどの金額をドル以外で賄《まかな》える通貨はない。貿易金融市場で巨額の資金を調達できるのも、ニューヨークのマーケットだけである。

この基軸通貨を支えているのが、アメリカの信用力だ。

繰り返すが、エネルギー輸入大国だったアメリカが、二〇一七年にはサウジアラビアを抜いて世界最大の産油国となるから、豊富なエネルギー資源に裏打ちされて、ドルの信用力はさらに高まっていく。また、シェールガス革命でアメリカは、世界のなかで最大の経済発展を遂げる可能性も出てきている。

これから先は、ドル高に向かっていく可能性が高いとみていいだろう。前述した金融機関シティグループのレポートでも、二〇二〇年までにドルの価値は最大五%程度上昇すると予測されている。

シェールガス革命で、さらに「デフレ」が進む

安価なシェールガスが使われるようになれば、あらゆる分野において価格低下が進んでいく。

シェールガス発電で電力料金が低下すれば、製造コストが下がるから、製品の低価格化が進む。また、シェールガスやシェールオイルを原料としたエチレンやプラスチックなど、石油化学製品の価格も低下する。

安価なシェールガスと競合することになる、ガソリンなどの価格も下がっていく。航空会社は燃料代を抑えることができるため、さらにLCC（格安航空会社）が増えてくるはずだ。ライバルの鉄道会社も値下げを余儀なくされて、鉄道料金も下がっていく。

空輸の料金も下がり、トラックなどの燃料代も下がるから、物流コストも低下する。

また、農産物の価格にも影響が出る。

二〇〇〇年代以降、原油価格の高騰で、トウモロコシがエタノール生産に使われるようになり、トウモロコシの価格が急騰した。大豆の生産をやめて、価格の高いトウモロコシ生産を始めた農家もあり、大豆価格の高騰にもつながっていた。トウモロコシは家畜の餌として用いられるが、トウモロコシが足りなくなったため、同じく餌として用いられる小麦価格も上昇した。さらには、小麦が不足しがちになり、小麦とともに主食となるコメの価格も上がった。原油価格の高騰は、連鎖的に穀物全体の価格を押し上げてしまった。

しかし、原油価格が低下し、エタノール用のトウモロコシが売れなくなれば、トウモロコシの価格は下がり、それにつられて穀物全般の価格が下がっていく。シェールガス革命は、農産物価格にまで影響を及ぼすことになる。

原料コスト、製造コスト、物流コストなど、あらゆる分野でコスト削減が可能になるが、それがそのまま利益につながるとはかぎらない。いち早くコスト削減に取り組んだ企業は利益を得られるが、各社が取り組むようになれば、競争が激化して、価格引き下げへとつながっていく。

シェールガス革命は、物価を押し下げ、さらに「デフレ」が続く環境をつくる。だが日本企業は、他国にはつくれない採掘用のパイプ、効率の高い発電機などをもっている。こうした製品は、価格競争に巻き込まれることはない。

自動車、船舶、航空機の燃料となる可能性も

技術革新が進めば、シェールガスは自動車燃料としても使えるようになる。すでにCNG（圧縮天然ガス）車が世界で走りはじめているが、CNGは、乗用車、バス、トラックのいずれにも利用することができる。

アメリカのような自動車社会でCNG乗用車が開発されれば、非常に大きな需要が生まれる可能性がある。

日本では、CNG車ではないものの、タクシーがLPG（液化石油ガス）を使っている。製造しているのは、すべて日本の自動車会社である。その技術を活かして開発

を進め、CNG車を開発すれば、これからチャンスが広がっていく。

シェールガスの動力は船舶にも利用できるため、船舶用天然ガスエンジンの開発も進められている。

また、航空機の燃料にすることも、不可能ではない。航空機は安全基準が厳しく、技術的な課題は多いが、開発を進めれば、シェールガスを使った安全な航空機が開発される可能性もある。

いずれの分野も、シェールガスによってコストが下がれば、ビジネスの環境を大きく変える。

シェールガス革命で、ロシアの国際的プレゼンスは低下

シェールガス革命は百年に一度の大革命であり、世界の軍事バランスも変えてしまう。

冷戦時代に、米ソは長いあいだ対立を続けてきたが、ソ連の崩壊でアメリカを中心とする西側諸国が勝利を収めた。崩壊後のソ連（ロシア）は、経済的な困難を抱え、

国民の生活は疲弊《ひへい》していた。

それを救ったのが、豊富な天然ガスと石油である。エネルギー開発を進めた結果、ロシアは世界第二位の石油産出国にまでなった。その後、世界的にエネルギー需要が高まり、エネルギー価格が高騰したため、ロシア経済は発展を遂げることができた。

ロシアは、原油と天然ガスの輸出が輸出額全体の六〇％にも達する。エネルギー資源を海外に輸出することで、国家の経済を成り立たせている国だ。主な販売先はヨーロッパであるが、日本の原発が停止して以降は、エネルギー不足の日本に対しても天然ガスを売ろうとしてきている。

ロシアでは一バレル＝八十ドルを下回ると、外貨を稼ぐことができなくなって、経済的に苦しくなるといわれるが、ロシアの最大の輸出先であるヨーロッパでは、シェールガスが天然ガスの価格に影響を及ぼしはじめた。

前述したように、アメリカは国内のガス田が枯渇したため、ナイジェリアなどのアフリカでガス田、油田開発をしていた。ところが、シェールガスが採掘できるようになり、アフリカから天然ガスを輸入する必要がなくなってしまった。

アメリカが買ってくれないので、アフリカの天然ガスは、ヨーロッパに回されることになり、ロシアの天然ガスと競合することになった。結果的に、ロシアは天然ガス価格を下げざるを得なくなった。

今後、安価なシェールガスの普及で、ロシアの天然ガス価格が急落すれば、ロシア経済はさらに深刻な打撃を受ける。安価なシェールガスの購入について、アメリカと交渉を始めている日本にとっても、ロシアの天然ガスは不要である。

ロシア経済は苦境に陥り、アメリカに差をつけられ、ロシアの国際的プレゼンスは低下していくだろう。軍事面においても、アメリカの一方的な勝利となっていくはずである。

アメリカはロシアに対する軍事戦略のウエートを下げ、そのぶん、不穏な動きをみせる中国に備えることになるだろう。

アメリカ企業の再生スピードはなぜ速いのか

リーマン・ショック後に、アメリカ政府は七千億ドルの公的資金を用意し、銀行に注入した。公的資金を注入された銀行のなかには、返済を急ぎ、わずかな期間で業績を回復させた銀行が多かった。

巨額の損失を出して苦しんでいた銀行が、なぜそれほど早く回復できたのか。そこには、アメリカの再生ノウハウがある。

私は、公的資金を注入された銀行のトップと話をしたことがある。彼らは公的資金をもらったことで、経営の自由を奪われていた。

公的資金を注入された銀行には、財務省から監督官が派遣され、一件千ドル以上の支出のある行為は、監督官がサインをしないかぎり、決済されなかった。千ドルといえば、一ドル＝九十円で換算しても九万円である。

銀行は全米に支店をもっており、役員は本店以外にも常駐している。各地から役員を呼び寄せる航空運賃だけでも、九万円を超える。役員会すら、監督官の許可を得なければ開くことができないとのことであった。

ロサンゼルス支店長を本店に呼ぶときに、支店長から「私の旅費はどうなるんでしょうか」と尋ねられたという笑い話もある。役員会も開けないし、支店長を呼ぶこともできない。

私が話を聞いたトップは、出張にいくときには、監督官の決裁を待っていられないので、自分のクレジットカードで決済して出張したそうである。

経営者にとって、これほど不自由なことはない。一刻も早く公的資金を返済したいと思うのは当然である。第三者割当による増資で公的資金を返済するために、彼は全米を飛び回り、出資者を口説き落とし、一日で三百万ドルの資金を集めた。自腹を切って交通費を出したとしても、一日も早く監督官の管理下から逃れて、自由な経営を取り戻したかったのだ。

自由を奪われた各金融機関の経営者はみな、懸命な思いで資金を集め、利益を確保し、返済を急いだため、公的資金の返済が急速に進んだ。

もちろん、リストラも行なった。だが彼の銀行では、リストラがニュースとして報道されることはなかった。その理由は、一時期に大量の人員を削減するのではなく、毎週少しずつ人員削減を行なったからである。

アメリカの場合は、公的資金を注入する際には、監督官が徹底的に介入して管理する。経営者にとって、これほど不快なことはない。だから、資金集めや経営努力が進み、返済が早くなる。

同様のことが、自動車業界でも起こった。

二〇〇九年に経営破綻した「GM（ゼネラルモーターズ）」は、六〇%の株式を米国政府が握り、国有化された。〝ガバメント・モーターズ〟と揶揄《やゆ》されたが、公的資金の返済を進めるべく改革し、わずか一年半ほどで再上場を果たした。

これも、監督官が入ったことで、改革がスピードアップしたためである。

国有化を契機に、非効率な雇用慣行を一気に改革

アメリカの自動車業界が競争力を失った最大の理由は、労使関係にある。自動車業界には、UAW（全米自動車労働組合／ユナイテッド・オート・ワーカーズ）というものがある。このUAWの力が強いために、アメリカの自動車各社は国際競争力を失っていった。

UAWにはなぜ「ユナイテッド」という名前が付いているのかというと、職種別に組合があり、UAWはその連合体だからである。機械工組合、電気工組合、塗装工組合など、職種別の組合が集まったものがUAWだ。

職種別の組合が力をもっているため、機械工は電気工の仕事をすることはないし、

電気工が塗装工の仕事をすることもない。電気工の人手が足りず、機械工の人員が余剰になっていても、機械工は電気工の仕事はしないという取り決めがある。このような、非常に非効率なやり方をしていた。

国有化されたGMでは、国から派遣された監督官が徹底的に労使関係の改革を行なった。それまでに労働組合と結んでいた労使協約をキャンセルし、新しい労使協約を結ぶことになったが、新しい労使協約の交渉はいまだに合意に至っていない。

結果的に、従前の労使協約がすべてキャンセルされて、無協約状態となった。これがGMの改革に幸いした。

組み立てラインで機械工の人手が足りなくなった際には、電気工を回して機械の仕事をさせることができるようになり、また、逆もできるようになった。その結果、圧倒的に生産性を向上させることができたのである。

日本の自動車会社からみれば当たり前のことであるが、GMは硬直的な労使関係のため、職種の壁があり、柔軟な人材活用ができずに、生産性を高めることができなかった。

国有化を契機に、非効率な雇用慣行が一気に改革されることになったのである。端的にいえば、労働者に譲りすぎていた経営者が、経営権を取り戻したことによって、利益を出せる状態になったということである。

アメリカ企業の好調さは、低賃金が支えている

アメリカの最低賃金は日本の最低賃金の約半分で、一時間当たり約五ドル。一ドル＝九十円で換算すると、四百五十円となる。

それに対して日本の最低賃金は、東京都、神奈川県で約八百五十円、大阪府で約八百円、愛知県で約七百六十円、加重平均した全国平均は約七百五十円である（いずれも二〇一二年度）。東京の繁華街では、マクドナルドの店員は時給九百五十〜千円で働いている。

アメリカの最大手スーパー「ウォルマート」が、フロリダ州タンパに出店を計画したことがある。タンパはディズニーワールドがある、風光明媚《めいび》なリゾート地である。ウォルマートが三百人の従業員を募集したところ、四倍以上の千三百人もの応募者が集まった。このとき、ウォルマートが提示した平均時給は五ドルであった。最低水準

の時給である。

それにもかかわらず、四倍以上の応募があった。あまりの多さにアメリカでもニュースとなり、テレビでも放映されたほどである。アメリカでは時給四百五十円でも応募が殺到するほど、多くの人が低い賃金で働いている。

GMの場合は、全米のなかでも給与水準が高いほうである。GM労働者の年間平均給与額は、二万七千ドル。年間に二千時間労働とすると、時給約十三ドル。ウォルマートの五ドルと比べて、倍以上の水準となっている。マネージャークラスを除く労働者としては、全米の製造業で最高水準である。

日本の場合は、「民間給与実態統計調査」（国税庁）によれば、二〇一一年の平均給与は四百九万円である。自動車各社は、この金額よりもはるかに高いとみられる。GMの二万七千ドルを一ドル＝九十円で換算すれば、二百四十万円程度。日本の自動車会社と比べると圧倒的に賃金水準が低いため、UAWと合意していた非効率な雇用慣行をやめれば、すぐに利益が出るようになるわけだ。

GMは、昨今の自動車マーケットの好調さを背景にさらに伸びていき、アメリカ経済の牽引《けんいん》役を果たすはずである。

二〇一三年以降、アメリカ経済が世界経済を牽引

二〇一二年から、アメリカの自動車マーケットが戻りはじめた。

アメリカ人の生活に自動車は完全に溶け込んでおり、自動車なしには彼らの生活は成り立たない。全米を走行する乗用車数は、二億三千万台にのぼる。二十年間使用するとしても、年間に少なくとも一千百万台から一千二百万台程度の更新需要が発生する。実際の年間の販売台数は、一千五百万台程度である。

二〇〇八年のリーマン・ショックの前年には、全米の自動車新車販売台数は一千六百万台を超えていた。

ところがリーマン・ショック以降は、新車販売が一気に落ち込んだ。二〇〇九年は年間一千四十三万台であり、一時期は年率換算で九百万台にまで落ち込んでいる。

つまり、更新を先送りした需要が五百万〜六百万台存在するということである。販売が低迷した期間が四年ほど続いたため、繰り越し需要が少なくとも二千万台程度残っている。

これが二〇一二年末あたりから追加的な需要として出はじめてきて、アメリカの自動車販売は好調さをみせている。二〇一二年十一月からの月間自動車販売台数は、年率換算で一千五百万台が続く。二〇一三年一月の販売台数は、前年同月比一四％増である。

自動車販売が一千五百万台に戻ったことから、アメリカの自動車マーケットは活況を呈している。自動車産業の裾野《すそ》は広いため、自動車マーケットの復活が、アメリカ経済を牽引していくはずである。

世界を見渡してみると、ヨーロッパはギリシア危機に端を発した金融危機が続いており、回復の見通しが立っていない。そのヨーロッパへの輸出が不振で、中国経済も減速している。

二〇一三年以降、世界経済を牽引するのは、シェールガス革命と自動車マーケットに支えられたアメリカ経済となるであろう。日本企業は、アメリカ市場に目を向けるべきである。

ホンダは中国にも工場をもっているが、中国は二の次であり、アメリカ市場が主戦場だと考えているようだ。これは正しい判断であると思う。

水運ネットワークで、農産物の競争力を高めたアメリカ

アメリカは大陸国家であり、先進国のなかで唯一、大きな国土をもっている。そのため、国内には豊富な資源がある。シェールガスだけでなく、石油、石炭、鉄鉱石もある。なによりも大きな資源は、農産物である。

アメリカは、農産物を重要な資源と見なしている。農産物の競争力を高めるために、国家的なプロジェクトを行なって、流通コストを低下させた。それが、ニューディール政策（一九三三〜三六年）でつくられた水運ネットワークである。

ニューディールで、アメリカはミシシッピ川の大改修を行なった。ミシシッピ川は、カナダ国境付近のミネソタ州から河口のルイジアナ州ニューオリンズまで、約三千八百kmの距離を流れる。距離が三千八百kmもあるのに、その間の高低差があまりなく、なだらかだから、水運に適している。

このミシシッピ川には、全米の三十一州から支流が流れ込む。つまりミシシッピ川は、三十一州とネットワークを結ぶ水運の大動脈である。これほどの巨大な内陸水路

ネットワークをもっている国は、アメリカだけだ。

アメリカはミシシッピ川を整備して、大型のはしけが運航できるようにした。はしけの大きさは、全長約六十m×幅十mほどで、約千五百tの荷物を積載できる。はしけを何十台も連結して運行できるので、一度に何万tもの荷物を運ぶことができる。

ミシシッピ川が整備されたことによって、カナダ国境付近からルイジアナ州まで非常に安いコストで輸送できる状態になり、積み出し港を河口のニューオリンズに集約させることができた。

ニューオリンズで積載するときの穀物のFOB価格（貨物の代金のみの価格）の半分を、農家は手取りとして受け取ることができる。水運ネットワークによって、国内輸送マージンを抑えられるので、農家の収入が確保できる。

アメリカは自然環境に恵まれているだけでなく、国土の改造を行なって成功を収めたのだ。

南米には、アメリカに匹敵する農地がある。アメリカの成功に倣《なら》って、アマゾン川やラプラタ川を水運ネットワークとして整備しようという計画が持ち上がっているが、資金不足で実現できないでいる。

現状では、農産物分野においても、アメリカは世界一の競争力をもっている。

独自の選挙制度も、じつはアメリカの強みに

アメリカの強みの一つは、独自の選挙制度にある。

アメリカ以外の民主主義国は、政治資金を効率的に集める制度がつくられていない。政治資金を集めるために、資金をもった有力者、有力団体の意向を採り入れざるを得ないのが実情だ。その結果、有力者たちが望むような目先の利益を重視して、小手先の政策しか打つことができなくなる。

その点、アメリカの場合は、膨大な選挙資金を一般国民から広く集めるメカニズムをもっている。大統領候補者は、少なくとも資金面においては、有力団体のことを過度に気にすることなく、政策を構築することができる。

アメリカは十八歳になると、居住地の選挙管理委員会に出かけていって選挙人登録をする。そのときに、支持する党派を聞かれ、共和党なら「R」、民主党なら「D」と名簿に記入される。この段階で、各党の党員名簿ができあがるわけである。

アメリカでは、公職にはみな選挙があり、予備選挙や党員集会が行なわれる。大統領だけでなく、上院議員・下院議員も、知事も、州議会議員も、予備選挙がある。また、地方検事や保安官も公職であり、これらの職にも予備選挙があり、本選挙を経て選出される。

予備選挙や党員集会を開くときには、選挙管理委員会に行って、有権者名簿をみれば、すぐに党員名簿をつくることができる。名簿ができているから、寄付も集めやすい。候補者はそれほど資金のことを心配しなくてもいい。

また、どの公職でも、候補者は予備選挙でふるいにかけられており、あまりにも不適切な候補者は、本選挙には出られない。

アメリカには多様な人種がおり、方言を使っていると理解してもらえないから、〝コモン・イングリッシュ〟でスピーチできるように指導するティーチャーまでいる。レッスンには一時間二百ドルはかかるが、それでも、候補者の多くはレッスンを受けている。

こうしたスピーチは、弁護士になるための要件にも入っている。弁護士は陪審員に対して、証拠に基づいて論理的に説示できなければならない。弁護士になろうとする者は、みなレッスンを受けるしかない。

アメリカでは、議員選挙や大統領選挙に立候補する人たちには弁護士資格をもった人が多いが、彼らはみなスピーチ力を鍛えられているため、説得力のある演説をすることに慣れている。

イギリスの場合は予備選挙の仕組みはなく、保守党にしても労働党にしても、六百の小選挙区に立てる候補者は、すべて党本部が指名する。下から選び抜かれて上がってくるアメリカの候補者と違い、上からの天下りであるから、適性のない候補者も少なくない。また、党本部は全候補者のために多額の資金を集めなければならず、金がかかるシステムである。

アメリカは、独自の選挙制度によって、他国よりも目先の金銭的なことを気にすることなく、長期的な政策を打ちやすくなっている。

また、スピーチ力を鍛えられ、予備選挙によって選び抜かれた者が本選挙に出て、そこで勝ち抜いた者が当選する。そうして予選を勝ち抜いて鍛えられた政治家たちが、国際交渉の場に出てくるから、他国よりも相対的に優位になるのは当たり前だ。

二十一世紀は〝デフレの世紀〟、アメリカが世界経済を牽引

私は一九九六年に、『これまでの百年 これからの百年』（講談社刊）という本を書いた。前年の一九九五年に、私が卒業した大阪府立四中の百周年記念行事で行なった講演に基づく内容である。

私は、この一九九五年を転換点とみて、その前の百年を考えてみた。一八九四年に日清戦争が始まり、一九四五年の第二次世界大戦終戦までが、ほぼ五十年。終戦で折り返して、一九九五年までが五十年である。

この百年間は、おおむねインフレ状態が続いた。だが起点となった百年前までは、デフレが続いていた。一八七三年から一八九六年までの二十三年間はデフレであり、この間に、ほとんどの消費者物価が大幅に値下がりした。〝売り手に地獄〟〝買い手に天国〟のデフレ時代だった。

では、この地獄からどのようにして抜け出したのかといえば、イノベーションと戦争である。

この時期にエジソンやフォードが活躍し、数々の発明が実用化され、新たな生産方式が導入された。

一八九二年には、エジソンの発明を商品化する会社として「ゼネラル・エレクトリック（ＧＥ）」が設立され、一九〇三年には「フォード・モーター」が設立されて、流れ作業による大量生産が行なわれた。

日本でも、P.137ページで詳述するように、エジソンの電灯を利用して、世界で初めて紡績工場の二交代制を開始するなど、生産システムのイノベーションが起こった時期である。

もう一つの要因が、世界的な戦争である。

日清戦争（一八九四～九五年）、日露戦争（一九〇四～〇五年）、第一次世界大戦（一九一四～一八年）と、立て続けに戦争が起こっている。第二次世界大戦が終結する一九四五年までは、「戦争の時代」であった。軍需によって各国の経済が支えられて、インフレとなっていた。

さて、一九九五年からの百年はどうなるのか。

私は、以前から「二十一世紀は〝デフレの世紀〟となる」と言い続けてきたし、少なくとも一九九五年からの五十年間、二〇一三年のいま現在からだと、あと三十年はデフレの時代が続くとみている。

日本では、バブル崩壊以降は「失われた二十年」と呼ばれており、デフレ基調が続いている。現在の日本は戦争をすることはできないから、軍需による解決策などない。デフレは長引くはずである。

日本に限ったことではなく、世界中の先進国が戦争をすることはできない。したがって、簡単に景気を回復させる道はないし、デフレから抜け出すのがいっそう難しくなっている。

先進国のなかで唯一、戦争できる国がアメリカである。アメリカは、軍需も使える国である。

アメリカはベンチャー企業を支援する仕組みがあり、ＩＴ分野やバイオなどでつねにイノベーションを続けている。〝売り手に地獄〟〝買い手に天国〟のデフレが続く環境下では、「イノベーション」と「軍需」の両方をもっているアメリカが、世界経済をリードしていくことになるだろう。

第三章

中国内戦

失業者デモと揺らぐ習近平体制

デモの主役が「学生と知識人」から「失業者」へ。
人民解放軍もすでに人民統制がきかなくなった

中国崩壊の際には、「内戦」がともなう可能性も

二〇一二年の暴力的な反日デモによって、多くの企業は、中国で事業展開する際のリスクについて気づきはじめた。

急成長する中国市場を狙って進出したものの、反日デモで店舗や工場を破壊され、大きな被害を受けた企業もある。パナソニックの場合は、中国に乞われて進出し、中国国民を多数雇用し、中国のために尽力したにもかかわらず、破壊を受けた。

中国でビジネスをする際には、経済的側面以外に、中国の政治体制、社会体制、軍事体制などのあらゆる面を考慮しておかないと、あとで大きな損失となって跳ね返ってくることがある。

すでに、中国から撤退を始めた企業もある。だが、撤退も容易ではない。地元政府の承認が必要になることが多いし、撤退時に解雇などを行なえば、それをきっかけに襲撃されたりすることもある。

今後、中国での事業を継続していく予定の企業も、これから中国に進出しようとす

る企業も、あらゆるリスクを視野に入れて経営を考えるべきである。

想定される最大のリスク・シナリオは、「中国崩壊」である。

中国という国家が崩壊すれば、法制度や法執行機関は機能しなくなるから、すべての契約は破棄されることになる。中国に投資した資金は戻ってこない。日本企業は、中国に対して十兆円を超える投資をしていると推定されている。場合によっては、企業の存続に関わる事態に発展するだろう。

中国が崩壊する際には、大規模な「内戦」がともなう可能性が高い。

ひとたび内戦が起これば、反日デモ程度の被害ではすまない。従業員の生命に直結する問題となってくる。

現在の日本の法体系では、自衛隊が中国に行って邦人を救出することは想定されていない。すぐにでも法整備をし、装備を整え、万全の備えをすべきであるが、その体制ができるまでのあいだは、企業自身が考えて行動するしかない。中国には、約十三万二千人の在留邦人がいるとされる。

企業の存続や、従業員の生命に関わる重大な問題であるから、中国の経済状態やマーケットを知るだけでなく、その背後にある動き、中国の内部で進行している事態をよく知っておくべきである。

経済成長率が八%ないと、中国経済は回らず

現在、中国では倒産旋風《せんぷう》が吹き荒れている。

上海の空港を降りて町中へ行くと、柱しかない工場がいくつも目に入る。屋根も壁もなく柱だけだから、異様な光景だ。なぜ柱しかないのかというと、元従業員がすべて持っていってしまったからである。

倒産した会社は、必ず従業員への給料の遅配を抱えている。給料を取り戻そうとして、元従業員たちが、機械も事務用品も、壁も屋根も何もかも持っていってしまったため、柱だけが残ったというわけである。おそらく、もとは立派な工場だったのだろうが、跡形もない。

失業した従業員たちが再就職できる見込みは、まったくない。そのため、彼らは自分がいた会社から未払い賃金を回収しようとする。それが、柱だけが残った工場である。

このように都市部では、著しく景気が落ち込んでいるが、それでも、農村部から都市部をめざして求職者たちがたくさん出てくる。もちろん、その人たちも職に就《つ》くことはできない。都市部は、失業者たちで溢《あふ》れ返っている状態だ。

中国の場合は、経済成長率が八％はないと経済が回っていかず、雇用をつくり出せないとされる。

しかし欧州経済の不調で、欧州向け輸出が壊滅状態になり、中国経済は低迷している。また、不動産バブルが弾けたことから、金融機関も不良債権を抱え、融資ができない。そのため、多くの企業が資金難に陥っている。

少し前までは、北京では「農民工」と呼ばれる人たちを中心に、失職した者が急増していることが問題になっていた。ところがいまは、大学卒業者で職に就けない人たちが、失職した農民工たちよりも増えてしまった。ちなみに彼らは、「第二代農民工」と呼ばれている。

中国政府は、未就業の大卒者を農村部の小学校の教師にしようとして送り込んだが、二週間もすると、多くの者が戻ってきてしまった。北京と農村部では生活条件がまったく違い、生活に耐えられなくなるようだ。

いま、北京でいちばん流行している言葉が「ネズミ族」という言葉だそうだ。一つの部屋に二段ベッドが備え付けられてあり、そこで代《か》わる代《が》わる八時間ずつ睡眠をとる。ネズミ族は、北京だけで少なくとも百万人いるとされる。

彼らは、大学で教育を受けている者が多いから、パソコンは扱える。ネットを自在に扱って情報を流し、世論を形成しようとする。こういう連中が連絡を取り合って、反日デモなどのデモ行為を行なっている。彼らはサイバー攻撃も仕掛けるし、ハッカー行為も行なう。

膨大な数の失業者たちが何をするかわからないから、中国政府は、彼らの動きから目を離すことができない。だが、彼らを制御することは、政府にはもはやできなくなってきている。

不動産バブルが崩壊、買った翌月には半値に

中国では、不動産価格の急落が続いている。

長いあいだ中国では、不動産バブルが続き、建設ラッシュに沸いていた。僻地《へきち》とみ

られていた地域にも高速道路が延伸し、高速道路周辺にはマンションが林立する状態となった。多くのマンションは、居住目的ではなく、転売目的の投機対象として買われ、価格は暴騰していた。

だが、バブルは弾けた。

インフレを恐れた中国政府が、金融引き締めを行なったことがきっかけである。中国政府は、失業者が激増するなか、食料品価格が高騰することを抑制しなければならなかった。食べるものを買えなければ、不満は募《つの》り、盗みを働いたりするようになる。大規模な暴動にもつながりかねない。天安門事件の発端も、食料品価格の高騰といわれている。

暴動を防ぐために、金融引き締めを行ない、インフレを抑制しようとした。金融引き締めを受けて、中国の銀行が不動産融資を絞り込んだことで、不動産売買が後退し、価格が急落することになったのである。

不動産価格は急激な勢いで下がり、一年間で半値以下になった物件も多い。二〇一一年に百万元（約千二百万円）だったマンションが、二〇一二年には四十万元（五百万円弱）で売り出されている。それでも買い手がつかない状態だ。

二〇一二年四月の『人民日報』によれば、不動産在庫は約五兆元に膨《ふく》れ上がっているそうである。これは、中国のGDPの一一％に相当する。不動産在庫は、さらに増えており、不動産各社は値下げをする以外にない状況だ。

最近では、新築マンションが翌月には半値になった、という例も出てきている。これでは、誰も不動産に手を出せない。

高値で買ったオーナーが憤慨し、販売した不動産セールスマンと殴り合いになる事件も頻発している。損失を被《こうむ》ったマンションオーナーに襲撃されて、廃墟のようになってしまった販売事務所もある。

不動産バブルの後遺症は大きく、とどまるところを知らないほど、価格低下が進んでいる。マンション建築計画は中断され、セメントや鋼材の販売業者が倒産。連鎖倒産も多発している。

中国は統制経済の国であり、中央政府は価格コントロールをしようとしているが、歴史上、統制経済が成功した国はない。電気、ガス、ガソリンなど、政府が値段を決めている分野もあるが、それらの分野では大きな歪《ひずみ》が出ているし、需給の関係で決まる不動産価格などは、統制しようがない。

不動産価格が下落すれば、不動産融資や不動産を担保とした融資をしていた金融機関が大量の不良債権を抱えることになる。中国大手四行は、すでに資産内容が急激に悪化しているのが実情だ。

粉飾決算を命じてでも、銀行の倒産は防ぎたい

中国では、地方でも工業団地建設など、大きなプロジェクトが進行し、マンションも多数建設された。それらのプロジェクトに融資していたのが、地方の金融機関である。

だが、不動産価格の急落で、地方銀行もすべて不良債権を抱えることになった。体力のない地方銀行はいつ倒産してもおかしくない。

しかし中国政府は、地方銀行を倒産させるわけにはいかない。中国には預金保険制度がないからである。銀行が倒産すれば、口座はすべて凍結され、預金はゼロになる。預金がゼロになれば、生きていくことができない国民も出てくる。銀行倒産をきっかけに、暴動が起こりかねない。

また、地方銀行が一行でも倒産すれば、中国全土の銀行で取りつけ騒ぎが起こり、預金者はいっせいに預金を引き出すはずだ。預金保険がないのだから、自己防衛のために当然のことである。

すさまじい恐慌が起こり、大規模な暴動が起こる可能性が高い。

中央政府は、地方銀行一行といえども、倒産させることができないため、粉飾を命じてでも、倒産させないようにする。したがって、中国の銀行の決算数字は、まったくアテにならないと思っていい。

無論、金融株は、粉飾のうえに価格形成されている可能性が高いから、中国の株価指数は信ずるに足るものではない。

高速鉄道計画はすでに破綻状態

銀行の不良債権問題は、高速鉄道計画にも影響を及ぼしている。

高速鉄道プロジェクトに巨額の融資をしてきた国有銀行が、不良債権を抱えて、融資を絞り込むようになってきているからだ。年間計画を大幅に下回る距離しか、工事が進んでいない。

地方では、高速鉄道建設計画が中断に追い込まれて、賃金の未払いが起き、それをきっかけに暴動も発生している。

また完成した既存の路線でも、想定したほど乗客が乗っていないのが実情だ。乗客が少ないのは、料金が高いためである。

高速鉄道料金は、普通の路線の三倍程度であり、一般庶民にはもともと高額すぎた。それに加えて、LCC（格安航空会社）が登場してきたことによって、高速鉄道網の優位性が薄れてきた。

同じ路線をはるかに安い料金で、しかも短時間で飛ぶLCCに、乗客は流れている。浙江《せっこう》省の温州《おんしゅう》市で起きた脱線事故（二〇一一年七月）の影響で、安全性についても疑問視され、当初予定していた最高速度よりも、スピードを落として運行しており、いっそうLCCに対する競争力を失っている。

乗客数が少ないため、収入は増えず、赤字が続く。路線を新設しても、赤字が膨らむだけであり、融資を返却できる見通しも立たない。

このような現状では、銀行は高速鉄道網に融資することができない。今後は、資金難のために高速鉄道プロジェクトは進まなくなる。高速鉄道計画は、すでに破綻状態にあるといっていいだろう。

中国経済の状況は、見かけ以上に、かなり悪化している。その結果、倒産企業が続出し、失業者が増大して、不安定要因は増す一方である。

この状況に対応しうる指導部の体制になっているかというと、そうではない。新たな指導者となる習近平《しゅうきんぺい》の権力基盤はとても弱く、中国が抱える難しい政治、経済、社会問題に対応していけるとは思えない。

きわめて脆弱な新指導者・習近平の権力基盤

二〇一二年十一月、中国の新たな指導体制が正式に固まった。政治局常務委員のうち、習近平と李克強《りこくきょう》の二人が留任し、張徳江《ちょうとくこう》、兪正声《ゆせいせい》、劉雲山《りゅううんざん》、王岐山《おうきざん》、張高麗《ちょうこうれい》の五人が新任された。

これは、熾烈《しれつ》な権力闘争の結果を映し出したものであり、胡錦濤《こきんとう》が江沢民《こうたくみん》に敗北したことを意味している。

新たな国家主席となる習近平を任命したのは胡錦濤であるが、明らかな胡錦濤直系とみられるのは李克強だけだ。新任された常務委員五人は、いずれも江沢民派（中間派を含む）とみられている。

これは何を意味するのか。

中国政府の方針は、政治局常務委員による多数決で決まるため、習近平は実権を握っていないということである。実権のない国家主席が率いる中国は、非常に不安定な様相を呈していくはずである。

習近平は、改革開放路線の継続を決めているが、これに反発する勢力も勢いを増している。後述する文革派（毛沢東《もうたくとう》派）である。文革派の勢力拡大に加えて、共産党指導部内部では、依然として江沢民派と胡錦濤派の権力闘争を抱えている。習近平は、いくつもの対立グループから執拗《しつよう》な攻撃を仕掛けられる可能性が高い。

経済低迷と失業者の増大で、国民の不満も鬱積《うっせき》しており、より大規模なデモや暴動が発生する恐れもある。

しかしながら、政治基盤の弱い習近平には、それらを収拾するだけの力がないので、不測の事態が起こったときには、一気に崩壊に向かう可能性がある。

失業者のデモは、一日では収まらない

習近平体制の基盤が脆弱《ぜいじゃく》であることの一つの表われが、地方での暴動である。習近平が次期指導者に指名された二〇一二年には、参加人員一万人以上の暴動が四百件を超えたし、二〇一三年に入ってからも、その動きは収まらず、次々と暴動が発生している。

景気低迷で、職のない者が国内に溢れているが、失業者はすでに一億人を超えたとされている。これは日本の人口とほぼ同じであり、膨大な数である。失業者の家族を含めれば、生活困窮者は数億人に達している可能性もある。

食べていけない彼らは、暴動を起こして、商店などから略奪をする。治安は悪化する一方である。

また、中国各地を猛烈な寒波が襲い、凍死者も続出している。住む家がある者でも、暖房器具や石油・石炭を買うお金がないし、そもそも住む家がない者もたくさんいる。彼らは、焚《た》き火に当たっているが、焚き火が温めてくれるのは片側だけなの

で、寒さで寝ることもできない。

この状況に対して、習近平率いる政府はまったく対応しきれていない。なにしろ、一億人規模の膨大な人数なので、面倒をみきれないのである。追い込まれた人たちは、食べていくためにデモや暴動を続けるしかないという状態である。

一九八九年に起こった天安門事件は、十万人が天安門広場に集まってデモを行なって起きた大事件であった。その天安門事件と今日のデモとの最大の違いは、参加者の属性である。天安門事件は、「学生と知識人の運動」であったのに対して、今日のデモは「失業者の運動」である。

天安門事件は一日で運動が切り崩されてしまったが、失業者のデモが一日で収まることはあり得ない。失業者たちは、命が懸かっているため、簡単に矛《ほこ》を収めない。いったん火がついたら、打つ手がないほどに広がっていくはずである。

中国の指導部はデモの拡大をもっとも恐れており、監視の目を強めて、少しでも不穏な動きがあれば、抑え込もうとしている。

共産党幹部が地方新聞『南方週末』（二〇一三年新年号）の社説を差し替えさせたのも、その一部である。中央政府に不利益をもたらしそうな記事は、事前に検閲して差し替えさせる。長年、中国が行なってきた手法である。

だが、この対応については、ネット世論を中心に中国内部で大きな批判を浴び、国際社会からも非難された。

共産党指導部は、騒動の拡大を懸念し、早期幕引きのために、編集現場に譲歩する対応をとった。その一方で、ネットの監視を強め、『南方週末』を支持する発言は次々と削除している。反政府活動に対して、神経を尖《とが》らせている証拠である。

警戒すべきは、デモ勢力と中国人民解放軍との合流

中国では、文化大革命のときには、毛沢東派が権力を握っていた。毛沢東思想のもとに多数の者が殺戮《さつりく》され、反対勢力は恐怖心で怯《おび》えていた。だが、毛沢東の死後は、改革開放路線に大転換し、近代化が図られることとなった。改革開放路線の推進者は、鄧小平《とうしょうへい》である。

以来、「改革開放路線派」と「毛沢東派（文革派）」の対立が続いているというのが、中国の基本的な構図である。

改革開放路線によって経済的成功を収めた市民層は、改革開放路線を支持している。また、改革開放路線で国民は自由の味を知った。自由の味を知った者たちは、元の状態に戻りたいとは考えない。

大多数の国民は改革開放路線を支持しており、いまのところ優勢なのは、改革開放路線派のほうである。

しかし失業者たちは、自分たちは改革開放路線の犠牲者だと考えており、改革開放路線への反発を強めている。失業者や生活困窮者のなかには、文革を支持する者も多く、文革派の巻き返しの勢いが増してきている。

二〇一二年の反日デモは、表面上は尖閣《せんかく》問題に端を発したものだが、経済が低迷し、職を失って不満をもった中国国民たちのガス抜きの意味合いが強かった。当局は、デモを黙認しただけではなく、デモ参加者に百元（約千二百円）の日当まで払っていた。

しかし、九月十九日以降、当局によってデモは一気に抑え込まれることになった。最大の理由は、デモ隊が文化大革命を始めた毛沢東の肖像画を掲げるようになったからである。反日デモが文革派による大規模な反政府運動に発展することを恐れた当局は、市民の携帯電話に「抗議活動の禁止」を通達するメッセージを一斉送信して、デモはひとまず収束した。

中国政府がもっとも恐れているのは、デモの勢力と中国人民解放軍が合流して、巨大な勢力となってしまうことである。そうなれば、もはや収拾がつかなくなり、中国は一気に崩壊に向かっていく。後述するが、人民解放軍は、毛沢東を信奉し文革を進めようとする〝文革派〟である。

三十万人体制でネットを厳しく監視

中国では、二〇一二年末現在で携帯電話加入数が十一億件を超え、インターネット利用者は五億六千四百万人に達したとされる。大人はほぼ全員が携帯電話をもち、大多数の人がインターネットを使っている。

これだけの人数が利用しているわけだから、ブログや掲示板へ無数の書き込みが行なわれる。

ネット世論は勢いを増しており、二〇一一年七月の高速鉄道脱線事故の際に、車両を土のなかに埋めた政府の対応が批判されたり、検閲で社説を差し替えた『南方週末』問題が批判されたりしたのも、ネットでの意見が主体だった。

既存メディアとは異なり、ネットは統制しにくいメディアである。中国だけでなく、〝アラブの春（二〇一〇年末から二〇一一年にかけて、北アフリカ、中東諸国で起こった一連の民主化運動）〟を巻き起こした中東諸国でも、ネットを統制することはできず、体制変革につながった。

政府がネット世論をすべて監視するのは、非常に困難である。しかし、監視を怠《おこた》れば不測の事態が起きかねない。

中国政府は「電波警察」というネットの監視部隊を設置している。十年ほど前には五万人といわれていたが、いまは三十万人体制で監視を続けている。

ネットの情報は、あっという間に拡散していくから、素早い対応が必要である。たとえば、「南方週末」という言葉が出てきたら、すぐに内容を検閲して削除する。放置しておくとどんな問題が起こるかわからないため、徹底的な監視をし、情報統制を続けている。

チベット、ウイグル問題を抑え込みたい真の理由

中国は、チベット、ウイグル問題も抱えている。チベット、ウイグルでは、弾圧を強める中央政府とのあいだで、さまざまな対立、事件が起こっている。デモが頻発しており、予断を許さない状況である。

だが、チベット、ウイグルで暴動が起こったとしても、それ自体は大きな問題にはならない。

なぜかといえば、同地域に住んでいる人口が少ないからだ。両地区とも面積は広大であるが、人口はそれぞれ一千万人にも達していない。チベット族は六百万人程度、ウイグル族は八百万人程度とされる。

圧倒的多くの国民は、沿岸部や都市部に住んでいる。全人口約十三億人のうち、十億人以上が沿岸部や都市部周辺に住んでおり、一千万人程度では、それほど大きな影響はもち得ない。

しかし、チベット、ウイグルで起こった事件をきっかけに、暴動が中国全土に広が

り、多くの国民を巻き込んだ暴動が起こることはあり得る。そうなると、収拾がつかない状態になる。

中央政府がチベット、ウイグル問題を抑え込みたいのは、中国全土に広がる失業者、毛沢東主義者、人民解放軍などが蜂起する契機となりかねないことを恐れているためである。

したがって、チベット、ウイグル問題でも、ネットの監視を続け、不穏な動きがあれば、すぐに対処に乗り出している。

革命を目的とする人民解放軍は必要がない!?

中国人民解放軍は、もともと「革命の軍隊」として存在意義があった。軍幹部たちはいまでも、自分たちの組織を、毛沢東の思想のもと、農民中心の革命を起こし、世界に革命思想を広げるための組織であると考えている。

ところが、現在の中国共産党が推進している改革開放路線は、「革命は必要ない」という考え方である。つまり、革命を目的とする人民解放軍は必要がないということになり、人民解放軍としては、自分たちの存在意義を失う。人民解放軍幹部は、中央政府のこの考え方に反発している。

また共産党指導部は、共産党のあり方も変えてしまった。もともと共産党の入党資格は、労働者、農民、兵士だけであった。人民解放軍は共産党の軍隊であり、〝貧しい者たちの軍隊〟という位置づけだった。

ところが、胡錦濤、温家宝《おんかほう》らの共産党指導部は、二〇〇二年の第十六回党大会で入党資格を広げ、裕福な市民層まで入党できるように変えている。貧しい農民を中心としていたはずの革命政党から、国民政党に変えてしまったのである。

これは、人民解放軍にとっては看過できないことであった。以後、人民解放軍は、共産党指導部に対して怒りを募らせることになる。両者による決定的な衝突がいつ起こってもおかしくない状況が発生したのである。

胡錦濤は、人民解放軍を国軍化しようとした。一方、人民解放軍のほうは、自分たちは共産党の軍隊であり、共産革命、毛沢東思想を広げるための軍隊であると考えている。だから人民解放軍は、国軍化にも猛反対している。

日本では、中国政府と軍隊は一体のように思われているが、実態は、路線対立を抱えた敵対関係の存在といえる。

薄熙来失脚で、恨みを募らせる人民解放軍

二〇一二年三月に、重慶《じゅうけい》市共産党委員会書記の薄熙来《はくきらい》が失脚した。薄熙来は、中国共産党政治局委員で、国の指導者グループの有力者だった。彼は、毛沢東派（文革派）のトップでもあった。

薄熙来は、二〇一二年十一月に選任される政治局常務委員（七人）の有力候補だった。ところが、選任を半年後に控えた段階で権力闘争に敗れ、失脚してしまった。

薄熙来は、重慶市共産党委員会書記、つまり、事実上の重慶市長として、四川省全体を任されていた最高責任者だ。

彼は、市長就任後に、「唱紅《しょうこう》」という歌曲を毎日、重慶市の街頭で流した。これは、毛沢東時代に流行《はや》った革命歌謡曲である。さらには、改革開放路線に乗って四川省で成功を収めた経済界の有力経営者を片っ端から逮捕して、拷問して、全財産を没収した。毛沢東思想を支持する文革路線の実行であり、改革開放路線に対する宣戦布告の

ようなものである。

逮捕されそうになった経済界の有力者のなかに、警察官に賄賂《わいろ》を渡して、カナダに逃亡した者がいた。彼は、カナダで中国の事情をすべて話し、ＦＢＩやＣＩＡがその情報を入手して、アメリカ政府に報告した。アメリカ政府も薄熙来による弾圧の実態をつかんだわけである。

弾圧の実行部隊の責任者が王立軍《おうりつぐん》重慶市公安局長だった。初めは薄熙来の右腕として働いていたが、イギリス人ビジネスマン、ニール・ヘイウッド氏殺害事件で薄熙来と対立し、二〇一二年二月、身の危険を感じてアメリカ総領事館に逃げ込んだ。

しかし、事前に情報を入手していたアメリカ総領事館は、王立軍は無実の者への弾圧を行なった犯罪者であるとし、アメリカへの亡命を認めず、総領事館に入れない措置を執《と》った。

この一連の事件の責任をとらせるかたちで、共産党指導部は薄熙来のすべての役職・職務を停止した。つまり、罷免《ひめん》である。

中国共産党指導部は、改革開放路線派である。それに対して薄熙来は、文革派・毛沢東派である。薄熙来の事件は、「文革路線」対「改革開放路線」の権力闘争であり、事実上、改革開放路線が勝利を収めたことを意味する。

しかしながら、これに不満を抱いたのが人民解放軍である。人民解放軍幹部は、薄熙来の政治局常務委員への就任を望んでいた。彼が入れば、唯一の文革派として、人民解放軍の意向を汲んで政治的影響を及ぼしてもらえると考えていたのだ。

その希望が絶たれてしまい、人民解放軍は、共産党幹部への恨みをいっそう募らせることになった。

人民解放軍最強の瀋陽軍区は、なぜ憤っているのか

ひと口に「中国人民解放軍」といっても、地域によって七つの軍区に分かれており、それぞれ特徴が異なる。

瀋陽《しんよう》軍区、北京軍区、済南《さいなん》軍区、南京軍区、広州軍区、成都《せいと》軍区、蘭州《らんしゅう》軍区の七軍区があるが、そのうち、圧倒的な戦力を保持し、精鋭部隊を配備し、強力な権力を握っているのが「瀋陽軍区」である。首都・北京を守る北京軍区などは、強力な軍隊ではない。

中国陸軍の戦闘部隊の約八割は、瀋陽軍区に配備されている。瀋陽軍区が防御するロシアとの国境線は三千二百㎞、北朝鮮との国境線は千三百㎞で、合計四千五百㎞に達する。中国内陸の国境線は、内モンゴルなどを除くと七千㎞であり、半分以上の国境線を瀋陽軍区が防御している。そのため人民解放軍は、陸軍の兵力を瀋陽軍区に集中させ、最強の部隊を展開させている。

戦車隊、ミサイル部隊、歩兵で編成された機械化軍団の一個軍は、約十万人の部隊であるが、五個軍の機械化軍団のうち、四個軍が瀋陽軍区に配備されており、残りの一個軍は、四川省にある核施設を守るために成都軍区に配備されている。

機械化軍団一個軍をつくるのに、中国の全国防費の約四％がかかる。瀋陽軍区には、機械化軍団の費用だけで、中国の国防費の一六％が投入されているという、まさに最強部隊である。

瀋陽軍区は、人民解放軍の中核として、毛沢東思想による文革路線を支持しており、めざすところは「先軍政治（内政事項すべてに対して軍が優先する政治体制）」だ。

改革開放路線を進める北京の中央政府とは、その点で激しく対立している。革命の思想を忘れ、人民解放軍を国軍化しようとしている中央政府に対して、瀋陽軍区の幹部たちは憤《いきどお》っている。

文革派トップの薄熙来が、改革開放路線派との権力闘争に敗れたことも、彼らの怒りを増加させた。薄熙来は「瀋陽軍区のエージェント」と呼ばれるほど、瀋陽軍区とのつながりが深かったからである。

金正恩は、瀋陽軍区の〝操り人形〟

瀋陽軍区は、じつは北朝鮮のミサイル発射や核実験とも大きく関連している。

北朝鮮は「人工衛星」と称する大陸間弾道ミサイルを発射し、日本、アメリカ、韓国などから国際的非難を浴びているが、北朝鮮のミサイル発射は、金正恩《キムジョンウン》北朝鮮第一書記の意向というより、瀋陽軍区の意向である。

北朝鮮と瀋陽軍区は隣接しており、瀋陽軍区から北朝鮮の平壌《ピョンヤン》までは、直線距離で百八十㎞しかない。東京から静岡くらいの距離であるから、瀋陽軍区の部隊が鴨《おう》緑《りょく》江《こう》を渡って進軍を開始すれば、平壌にすぐに到達する。圧倒的な軍事力をもった瀋陽軍区と北朝鮮軍では、戦力に差がありすぎるため、瀋陽軍区は簡単に平壌を制圧できる。そのような事情で、北朝鮮は、瀋陽軍区に逆らうことはできなくなっている。瀋陽軍区が脅《おど》せば、北朝鮮は言うことを聞くしかない。

また、北朝鮮は経済的に疲弊しており、中国からの支援を必要としているが、支援を実行するのも、隣接する瀋陽軍区である。

軍事的に脅しをかけられ、また、一方で支援を受けているうちに、北朝鮮は、軍事、経済などのすべての面で、瀋陽軍区の意向に逆らうことができなくなってしまった。金正恩は、瀋陽軍区の〝操り人形〟といってもいい。

北朝鮮のミサイル発射は、瀋陽軍区に伺いを立て、その許可を得て踏み切っているとみて間違いない。

北朝鮮がミサイル実験や核実験を行なう真相

では、瀋陽軍区はなぜミサイル発射を許可したのか。それは、北京の中央政府に対する恫喝《どうかつ》のためである。

北朝鮮がミサイル発射実験や核実験をすることでいちばん困るのは、北京の中央政府だ。国際社会は北朝鮮を非難し、北朝鮮への制裁を話し合い、中国政府にも同調するように求めている。中国が北朝鮮への制裁に同調しなければ、国際社会のなかでの〝大国〟としての地位が大きく揺らぐ。北朝鮮のような〝ならず者国家〟を支援する国と見なされ、中国は孤立していく。

国際社会のなかで孤立してしまうと、現在のようなグローバル経済の時代には、国内の経済に大きな影響を及ぼす。欧州危機の影響で、欧州への輸出が減っただけで、国内経済がガタガタになったほどである。欧米諸国との国際取引ができなくなれば、経済はもたない。

前述したように、八%程度の経済成長を続けなければ、失業者が溢れてしまう中国においては、経済にマイナスの影響を及ぼすことは避けなければならない。経済が低迷し、これ以上失業者が増えれば、暴動が発生して、国家として存在し得なくなる。国内の暴動を抑えるためにも、中国政府は国際社会に同調せざるを得ないのだ。

しかし国際社会に同調して、北朝鮮に対する経済制裁や武力制裁を認めれば、瀋陽軍区が黙っていない。瀋陽軍区という人民解放軍の主力部隊が反乱を起こせば、国家は分裂してしまう。

中国政府は、国際社会に同調せざるを得ないけれども、瀋陽軍区の反乱を恐れて同調することができないという、大きなジレンマを抱えているのである。

北朝鮮がミサイル実験や核実験をすればするほど、中国政府は窮地に立たされていく。それが瀋陽軍区の狙いである。中央政府に対する脅しのために、瀋陽軍区が北朝鮮を利用しているのである。

表面的には、「北朝鮮」対「国際社会」にみえるだろうが、その真相は、「瀋陽軍区」対「北京中央政府」という中国国内の内部抗争である。

北朝鮮は、二〇一二年四月十三日にミサイル発射実験を行なったが、すぐに空中分解してしまい、実験は失敗に終わった。

ミサイルは、四基のノドンの技術を使ったエンジンを束《たば》ねて噴射装置に使う構造であった。四基を束ねたロケットを成功させることは、技術的に大きな困難をともなう。四基のうちの一基の噴射速度が少しズレただけで、コースを大きく外れてしまうからだ。四基のすべてを均一の噴射速度に揃えることは、とても難しい。

ロケットについての知識が乏しい金正恩は成功すると思っていただろうが、瀋陽軍区の幹部は、技術的な難しさをわかっていたはずである。失敗することは、事前に予想されていた。だが瀋陽軍区にとっては、成功するか失敗するかは関係なく、発射させること自体が重要であった。

ミサイル発射前月の三月には、胡錦濤、温家宝らの共産党指導部によって、薄熙来が失脚させられている。ミサイル発射実験は、瀋陽軍区による薄熙来失脚への報復の意味合いが強い。胡錦濤、温家宝らを窮地に立たせるために、瀋陽軍区がやらせたのである。

北京中央政府は、瀋陽軍区を抑えつけられるのか

瀋陽軍区による北京中央政府への脅しは、さらに続く。

ミサイル発射実験の二日後の二〇一二年四月十五日に行なわれた北朝鮮の「金日成《キムイルソン》生誕百周年」の軍事パレードでは、最新兵器の大型ミサイルが登場した。この大型ミサイルの射程は、北京、上海にも達する。

だが、このミサイルは北朝鮮が保有する兵器ではなく、中国の兵器であり、瀋陽軍区が北朝鮮に貸与したものである。

パレードの様子は、北京でもテレビ放映された。それを観た中央政府の幹部たちは、肝を冷やしたに違いない。北京中央政府は、中国のミサイルを北朝鮮に貸与することを認めていない。北朝鮮に武器を貸すことは、二〇〇九年の国連決議に違反するからである。

しかし、瀋陽軍区は、独断で国連決議に違反した行為を行なった。北京に見せつけるためである。

このパレードを観た中央政府の幹部たちは、北朝鮮軍を実質的にコントロールしているのが、瀋陽軍区であることがわかったはずだ。それは、北朝鮮の核とミサイルを瀋陽軍区の意向で動かせるということであり、北京中央政府にとっては非常に大きな脅威となる。

中央政府は、露骨に脅しをかけてくる瀋陽軍区を抑えつけたいと思っているが、瀋陽軍区が反乱を起こせば、圧倒的な力の差によって、他の軍事力では防御できないので、何もいえずに我慢している。

四川省の成都軍区には、核兵器の発射基地がある。瀋陽軍区は核兵器はもっていないから、成都軍区に命じて核兵器で脅しをかけさせて、瀋陽軍区を抑えつけることも考えられるが、中央政府は成都軍区にそれを命じることはできない。

というのは、瀋陽軍区と北京のあいだは約百五十kmしか離れておらず、北京に少しでも不穏な動きがあれば、瀋陽軍区はすぐに進軍を開始し、北京を制圧してしまう恐れがあるからだ。成都軍区が核兵器をもっていても、瀋陽軍区を抑えつけることはできないのである。

すでに人民統制がきかなくなった人民解放軍

北朝鮮の核開発も、瀋陽軍区のコントロール下に置かれている。前述したように、瀋陽軍区は核兵器を保有していないため、北朝鮮を通じて核技術を得ることを狙っている。北朝鮮が核実験に成功すれば、それは事実上、瀋陽軍区が核技術を得たということである。

瀋陽軍区が核兵器を保有するようになれば、中国国内の軍事バランスは激変する。すでに通常兵力においては、瀋陽軍区が七軍区の中で最大の力をもつが、それに核兵器が加われば、対抗できるところはない。

瀋陽軍区は、自分たちの力を誇示するためにも、北朝鮮に核実験をさせて、成功させたいと思っている。

二〇〇九年の核実験の際には、国連は北朝鮮に対して経済制裁を決議し、実行した。さらに今回、二〇一三年二月にも核実験を行なったが、今後も北朝鮮が実験を繰り返せば、経済制裁よりも強力な武力制裁に踏み切るしかないだろう。

中国が武力制裁に同調すれば、北朝鮮を制圧する作戦に加わることになる。空爆はアメリカが担当して制空権を握るだろうから、中国は地上軍を派遣することになる。このときに北京の中央政府が命令を下すのは、北朝鮮との国境沿いに配備されている瀋陽軍区に対してである。北京と対立し、北朝鮮を自由に操る瀋陽軍区が、果たして北京の命令を聞くかどうか。彼らが命令を拒否すれば、北朝鮮制裁どころか、中国自体が内戦になりかねない。

北京中央政府は、瀋陽軍区の動きを苦々《にがにが》しく思いつつ、腫《は》れ物にさわるような扱いしかできない。

北京中央政府と激しく対立している瀋陽軍区は、北朝鮮に核開発を成功させて、それを入手したのちには、中国から分離・独立をめざす可能性が高い。瀋陽軍区の独立をきっかけに、他軍区も独立すれば、中国は複数に分裂する。おそらく、独立をめぐって激しい内戦状態になるであろう。

北京中央政府にとって、分裂・崩壊はもっとも避けたいシナリオであるから、今後も瀋陽軍区に最大限の配慮をせざるを得ない。

このように、人民解放軍の主力部隊である瀋陽軍区は、北京中央政府の命令どおりに動く存在ではなくなっている。

それに加えて、人民解放軍の海軍も、北京中央政府の命令を聞かなくなってきた。尖閣諸島に関して日本政府は毅然とした態度をとっているが、中国海軍は北京中央政府の弱腰による結果だと考えている。北京に圧力をかけるために、海軍は独自で行動を続ける。海軍の行動を北京は黙認するほかなく、問題が起これば事後承認をして人民解放軍を守るしかない。

二〇一三年一月には、中国海軍の艦船が日本の護衛艦に対して火器管制レーダーを照射する事件が起こった。レーダー照射されることは、攻撃対象になったことを意味しており、国際法上、対抗措置をとってよいとされる。

この事件について中国外務省報道官は、事前に海軍から報告を受けておらず、「報道で知った」と記者会見で述べている。

人民解放軍は、陸軍も海軍も、すでにシビリアンコントロール（文民統制）のきかない軍隊となっている。北京中央政府の意向と関わりなく、突発的な事件が起こってもおかしくはない。

中国の空母が完成しても、実際の戦力にはならない

人民解放軍の海軍は、四隻の空母の建造を急いでいる。中国が空母を保有すれば、日本にとっても脅威となり、軍事バランスが大きく変わるとみる向きもある。

だが、中国が空母を完成させたとしても、中国空母の戦闘能力は低く、当面のあいだ、大きな脅威とはならない。

空母は通常の艦船と異なり、完成すればすぐに戦力になるというものではない。空母は、船自体が戦力ではなく、艦載機を発進させて攻撃することによって戦力となるものである。

空母の戦闘能力は、艦載機の能力で決定される。航続距離が長く、多くの最新兵器

を搭載した艦載機を発進させられれば、攻撃力が増す。それには、燃料、武器をたくさん積める艦載機が必要である。

空母の能力は、どのくらいの重量の艦載機を搭載できるかによって、推《お》し量《はか》ることができる。重い艦載機を発進させられる空母が、戦闘能力の高い空母である。

アメリカの原子力空母ロナルド・レーガンは三十四tの艦載機を飛ばすことができるのに対して、中国の空母は二十四tの艦載機しか飛ばすことができない。これは、空母から艦載機を飛び立たせる射出装置の能力と関係している。

ロナルド・レーガンは原子力を動力としているため、膨大な熱エネルギーを生み出せる。原子力で水蒸気を発生させ、それをタンクの中に貯めて強く圧縮しておき、一気に解放する。そのときの力で、艦載機を勢いよく射出する。「カタパルト」と呼ばれるこの射出装置を使えば、艦載機は発進から約二秒後には、時速二百五十㎞に達する。

一方、中国で建造されている空母は、カタパルトを実用化できていないとみられている。デッキの先頭を上向きにカーブさせて、それを使って艦載機を発進させる方式である。

また空母の発艦・着艦は、パイロットの技術、誘導技術など、きわめて高度な技術を要するものであり、米軍は毎日訓練を繰り返しながら、多くの失敗、事故を経験してきた。この経験の積み重ねがあって、初めて実戦可能な状態になっている。

中国の空母が完成しても、数多くの訓練・失敗を重ねないと、実際の戦力にはならない。

大した戦力にならない空母建造に、中国政府が巨額の予算を投じているのは、海軍が北京中央政府への反発を強めないようにすることが狙いである。北京中央政府による人民解放軍の〝ご機嫌取り〟といってもいい。

なお空母には、故障した場合に修理をするドックも必要である。アメリカの第七艦隊にドックを提供しているのが日本である。日本には、横須賀第六と、佐世保第四という大型のドックが二基あり、そこにアメリカの原子力空母が入船できるようにしている。このドックがないと、アメリカの空母はアメリカまで戻って修理をしないといけない。

日米同盟が機能していることによって、アメリカは東アジアに原子力空母を展開できる。日本は空母をもっていないが、日本の二基のドックの存在が中国に対する抑止力となっているのだ。

米軍はすでに、中国崩壊に備えている

中国共産党は、人民解放軍をコントロールできていない。

その点について、アメリカが確信をもったのが、二〇一一年一月のゲーツ国防長官（当時）と胡錦濤国家主席の北京での会談である。

会談が予定されていた当日未明に、中国の中央テレビが、中国空軍が開発したステルス戦闘機「殲《せん》20」のテストフライトの実況中継を行なった。他国の国防長官が訪中しているなかで戦闘機を飛ばして力を誇示するのは、相手国側からしてみれば、明らかな挑発である。

当然のことながら、ゲーツはその話題に触れた。ところが、胡錦濤はキョトンとしていたのである。中央軍事委員会主席が軍の動きを把握していないことに、ゲーツは驚いた。

共産党のトップが人民解放軍を掌握していない証拠だとして、ゲーツはすぐにオバ

マ大統領に連絡した。

中国の崩壊が近いとみたオバマは、原子力空母ロナルド・レーガンを第七艦隊に合流させ、東アジアの艦隊を増強することを決めた。ロナルド・レーガン空母打撃群（CSG／アメリカ海軍の戦闘部隊の一つ）は、二〇一一年三月九日にアメリカ西海岸の港を出港した。その直後の三月十一日に日本では、東日本大震災が発生する。

アメリカが日本を全面的に支援する「トモダチ作戦」をすぐに実施できたのは、すでに空母ロナルド・レーガンが第七艦隊海域に到着していたからである。ロナルド・レーガンは、震災後わずか三日で日本沿岸に到着したが、日本への支援態勢が素早かった背景には、じつは中国崩壊に備えて、アメリカが第七艦隊の増強をしていたからである。

アメリカ海軍は太平洋に、第一線で働く六隻の空母をもっているが、そのうち二隻が第七艦隊に集められている。アメリカがいかに中国崩壊に備えているかの表われである。

核兵器を誰が握るかがカギに

中国崩壊でもっとも恐ろしいシナリオは、核兵器の使用だ。

中国国内の最大の核貯蔵庫は、四川省成都にある。中国が崩壊して内戦が起こったときに、核兵器を誰が握るかによって、事態はまったく違ってくる。核を握った軍区が覇権を握ることは間違いないが、自分たちの力を誇示するために、核を使用しないともかぎらない。

鄧小平は「先軍政治」を否定し、改革開放路線を導入したが、毛沢東思想に戻して、先軍政治を進めるべきであるというのが、人民解放軍の考え方だ。「先軍政治」の思想をもったグループが核を握ることになれば、きわめて大きな被害が出る可能性がある。

いったん内戦が始まれば、長期間にわたって内戦が続くことはありうる。初めから核を使うことはないだろうが、終わりのみえない戦争状態になったときに、核を使用して終結させるというシナリオも考えられる。

十三億人を超える中国の人口からすれば、核が使われた際には、何千万人、あるいは一億人規模の犠牲者が出てもおかしくはない。

アメリカは、中国の動きを封じ込めるとともに、中国の内戦で甚大な被害が出ることのないように、いざというときには、成都にある核施設をアメリカがコントロールすることを狙っている。

中国崩壊に備え、米軍はオスプレイを配備

数多くの不安定要因を抱えた中国が崩壊する日は、そう遠くはないだろう。

中国崩壊は、日本にとって深刻な問題である。中国が自滅すれば、相対的に日本が浮上するかのように考えている人もいるが、日本は多大な犠牲を払うということを忘れてはいけない。

経済面でいえば、「世界第二位の経済大国」が崩壊することになるから、その影響は甚大である。アメリカも含めて、世界経済に大打撃を与える。当然のことながら、日本経済も大きな影響を受ける。

さらに懸念されるのは、日本人の人命である。

中国に在留している日本人は、十三万人を超える。中国が崩壊すれば、デモや暴動をきっかけに収拾がつかなくなり、大規模な内戦が発生することが予想されるが、その際の在留邦人の命の保障はまったくない。

本来なら十三万人を救出に行かなければいけないが、現行の法体系では、自衛隊が救出に向かえるようにはなっていない。中国崩壊に備えるためには、自衛隊が救出にいけるように法整備をし、自衛隊に救出可能な装備をもたせないといけない。それがまったくできていないのである。

もし、いま中国が崩壊すれば、最大十三万人の日本人の命が犠牲になることを覚悟しなければならない。そういう深刻な事態が目前に迫っているのであるから、早急に対応すべきである。

一時期、米軍による沖縄へのオスプレイ配備問題が盛んに採り上げられたが、米軍がオスプレイを配備したのは、中国崩壊に備えてのことだ。

オスプレイを使えば、普天間基地から北京まで直行できる。上海はもちろんのこと、四川省成都にも行ける。内戦が勃発した際には、アメリカ軍はすぐにオスプレイを飛ばして、中国国内の在留米国民を全員救出する計画を立てている。

オスプレイは、滑走路を必要としない。北京にはアメリカ大使館があり、成都には総領事館があるが、ヘリの状態で庭に着陸して、アメリカ人を救出し、高速の飛行機モードに替えて、沖縄に戻ってくる。アメリカではすでに、オスプレイを使った救出シナリオができているのである。

オスプレイ配備は、間近に迫った中国崩壊を想定してのことであるから、アメリカが沖縄へのオスプレイ配備を中止することはない。

東アジアでは、冷戦はまだ続いている

ベルリンの壁が崩れ、ソ連が崩壊したことによって、「冷戦は終結した」と誰もが思っている。

しかし冷戦が終結したのは、ソ連および欧州だけである。東アジアではまだ冷戦は続いている。その認識をもつべきである。

冷戦が続いているからこそ、中国共産党や朝鮮労働党が一党独裁体制を維持できて

いるのである。中国が尖閣諸島付近で、日本に対して挑発行為を仕掛けてきているのも、彼らにとっては冷戦の一環だ。

だが、いずれは東アジアの冷戦も終了する。その瞬間に、一党独裁体制は崩壊することになるが、問題は崩壊の仕方である。

東欧が崩壊したときには、ルーマニアなどで血が流れたが、ソ連では、一発の銃声も聞こえなかった。

一九九一年八月に軍部がクーデターを起こした際、ゴルバチョフとエリツィンが手を組んで、比較的簡単に鎮圧してしまった。軍部は共産党指導部の言うことをおとなしく聞いたため、モスクワ駐屯のごく一部の部隊だけのクーデターにとどまり、三日で終結した。そして、同年十二月にロシア、ウクライナ、ベラルーシがソ連から独立することで合意し、ソ連共産党は独裁体制を放棄した。

なぜ、そのような穏便な結果に終わったかというと、一九三〇年代に赤軍大粛清《しゅくせい》が行なわれたからである。スターリンが軍部を粛清し、五人の元帥のうち残った元帥はヴォロシーロフとブジョーンヌイの二人となった。高級将校の六割以上が殺害されたとされる。

それ以来、ソ連軍は、ソ連共産党中央委員会書記長に無条件で従うようになった。ソ連軍幹部は、この粛清を記憶しており、恐れをなしていたため、共産党指導部におとなしく従ったのである。

では、中国が崩壊した場合はどうなるか。

中国共産党は、人民解放軍に対する粛清を行なったことはない。人民解放軍は共産党幹部のことなどまったく恐れてはいない。中国が行き詰まれば、共産党に代わって台頭してくるのは人民解放軍である可能性が高い。

中国で冷戦が終結した場合には、ソ連と違って、軍部がおとなしくしてはいない。周辺国にも多大な影響を及ぼすほどの、大規模な「内戦」が起こることを覚悟しておかなければいけない。

日本政府も、日本企業も、それに備えておくべきである。

第四章

日本の実力

凋落する家電業界VS.盤石な重電業界

電子技術では国際的評価の高いサムスン、
重電機では圧倒的な技術力を誇る日本

サムスンは価格だけで評価されているわけではない

パナソニック、ソニー、シャープの家電三社とも、薄型テレビ部門は完全に競争力を失っている。日本の薄型テレビは、「サムスン」（サムスン電子）には歯が立たない。サムスンの薄型テレビ技術は、ソニーやパナソニックの技術を利用しているとみる向きもあるが、見当違いである。かつては、サムスンは日本の技術者を引き抜き、日本の技術を導入していた。だが、それはひと昔前のことである。サムスンは巨額の研究開発投資を続けており、自力で技術開発を行なっている。

サムスンの研究開発費は、韓国の政府、軍、大学、民間企業すべての研究開発費の合計額の一〇％を占める。韓国全体の研究開発費の一割相当をサムスン一社で占めているのである。

その結果、サムスンの特許件数は、つねに世界トップテンに入っている。

アメリカ特許商標局が各企業に認可した特許件数が、毎年、ランキングとして発表されている。「特許の長者番付」と呼ばれるものである。

この番付によれば、サムスンは一九九六年以降、つねにトップテン以内である。九六年時点では、トップテン企業を国別でみると、日本企業六社、アメリカ企業三社、韓国企業一社であり、その一社がサムスンである。ヨーロッパや中国の企業は一社も入っていない。近年は、韓国企業の「LG」や台湾企業の「鴻海《ホンハイ》」がランクインしてきている。

それが二〇一二年の番付では、米「IBM」が第一位で、サムスンはそれに続く第二位である。この五年ほど、上位二社は不動であり、サムスンはつねに二位だ。日本は、トップテン内の企業数は最多であるが、個々の企業でみれば、毎年、サムスンの後塵《こうじん》を拝している。

サムスンは積極的な研究開発投資に支えられて、きわめて高い技術力を保有している。そのために、サムスンの国際的評価は高い。一般消費者は〝価格〟しかみていないが、専門家は〝特許件数〟などをみて企業を評価する。価格だけでサムスンが評価されているわけではない。

高収益を挙げるサムスンは、資金的な余力があるため、さらに研究開発投資を増やすことができる。それに対して日本の家電各社は、軒並み巨額赤字を計上しており、研究開発に多額の資金を投入する余力がない。これでは、サムスンとの技術力格差は開く一方である。

日本の賃金水準は高いため、もともと、コスト面では競争にならない。そのうえ技術力で差をつけられては、日本の家電各社は立ちゆかない。私は、薄型テレビメーカーは、どの会社が潰《つぶ》れてもおかしくないと思っている。パナソニック、ソニーといえども倒産があり得る時代だ。

経営者の度胸でも群を抜くサムスン

私は、サムスン創業者のイ・ビョンチョル（李秉喆）とは、彼が亡くなるまで長いつき合いがあった。そのビョンチョルが引退する際も、話をしている。

彼は、引退にともなって、三男のイ・ゴンヒ（李健熙）を後継者に指名した。長幼の序を重んじる韓国社会で、なぜ長男、次男をさしおいて三男を後継にするのか、私は不思議に思い、ビョンチョルに直接聞いてみた。

彼の答えはこうだった。

「ゴンヒは私より度胸がある」

これからの経営者は、度胸がある者でなければ務まらないとのことであった。三人の息子のなかでいちばん度胸があり、決断力があると判断し、後継者をゴンヒに決めたのである。

後継者に指名されたゴンヒは、亀尾《クミ》市（韓国・慶尚北道《キョンサンブット》）に巨大工場を建設することを決めていた。日本円にして七兆円分の大型投資である。当時のサムスンの年間売上高の二倍に相当する規模であった。これほどの巨額投資を決められる経営者はまずいない。一つ間違えば、即倒産である。

この度胸を見込んで、ビョンチョルはゴンヒを後継に指名した。

亀尾工場が稼働してから、サムスンは急激に伸びていった。その後のサムスンの躍進ぶりは、ご存じのとおりである。

私は、ビョンチョルから「亀尾工場をみてほしい」といわれて、見学をさせてもらったが、壮大な工場であり、とても驚いた。

だが、この七兆円の亀尾工場の設備のうち、四兆円以上が日本からの製造機械の輸入である。

サムスンは、半導体、液晶で世界一になった。しかしながら、サムスンが使っている半導体、液晶を製造する機械は、ほとんどが日本製である。

重電機をつくりたくてもつくれないサムスン

サムスンの技術力はきわめて高い。しかしながら、それは電子技術など一部の技術に限ったことである。日本が得意とする重電分野の技術は、サムスンはもっていない。重電分野は、技術の蓄積が必要であり、サムスンにはつくれないのだ。

サムスングループには、重工業部門もあり、「サムスン重工業」という会社が造船事業を行なっている。

私はサムスン重工業の造船工場も訪れているが、工場内では日本語が飛び交っていた。顔をみただけでは、韓国人か日本人かわからず、ある社員に話しかけてみたところ、彼は、日本人であった。「長く石川島播磨重工業（現・ＩＨＩ）の呉《くれ》事業所に勤めており、定年退職後、三年契約でサムスン重工業にきた」という。

そのような人間が何人いるか尋ねたところ、「石川島播磨を中心に日本企業を定年退職した日本人が二十六人働いており、さらに増える見込み」とのことだった。

サムスンの造船部門への派遣は、石川島播磨重工業の社長を務め、のちにＮＴＴの初代社長にもなった真藤恒《しんとうひさし》氏の斡旋《あっせん》であった。真藤氏は、サムスンがまだ小さな企業だった時代から、よく面倒をみていた。

サムスンは、日本初の超高層ビルである霞が関ビルが建設された当初から入居していたが、それも真藤氏の三井不動産への口利きによるものである。技術面でも石川島播磨がかなりの支援をしていた。

これだけの支援があれば、重電部門も設立できるはずである。その点を創業者のイ・ビョンチョルに尋ねると、「それでも重電部門だけはできない」と答えた。サムスンは、重電部門をつくろうとして試行錯誤を重ねたそうだが、できなかった。石川島播磨から技術供与を受けたとしても、手がけられないのだという。

その理由は三つある。

一つは、人材がいないこと。

韓国の大学の工学部には、重電機を専攻している学生がほとんどいない。重電を専攻している数少ない学生は、すべて「韓国電力公社」に入社してしまう。重電を専攻する者が、民間企業に就職することはない。日本から技術を導入したとしても、エンジニアの絶対数が足りないので、成立しないということだ。

二つ目は、工場設備である。

重電機の工場というのは非常に大きく、天井にはクレーンが備え付けられている。天井クレーンが工場内を移動して、重電機がつくられていく。重電機は重量が重いため、強力なクレーンが必要で、天井クレーンは百五十tから二百tクラスが必要となる。これほどの設備は、サムスンにはできないのだという。

三つ目は、体系的な技術力だ。

液晶パネルのような組み合わせによってできる技術と異なり、重電の技術は、体系的な技術の積み重ねが不可欠である。日本は明治以来、百何十年も技術開発を積み重ねてきたが、韓国にはその蓄積がない。日本から技術者を引き抜いたくらいではとうてい追いつけないほど、大きな差があるのである。

以上のような理由で、サムスンは重電機部門をもてなかった。韓国最大企業のサムスンにして、重電機をつくりたくてもつくれない。これは、日本にとって非常に好都合なことといえる。

いま世界では、シェールガスによるエネルギー革命が起こっており、また、発展途上国の電力需要も非常に高まっている。

世界が求めているのは、大型の発電機、大型の変圧器など重電機であり、この分野では、日本はライバル各社を寄せつけないほどの、圧倒的な競争力を誇っているのである。

家電は衰退しても、素材・部品は日本の独壇場

すでに、日本企業がテレビやビデオといった技術で儲ける時代は終わったが、世界がほしがる生産素材を開発して提供していくかぎり、日本企業が生き残り、繁栄する道はいくらでもある。

もともと家電技術というのは、それほど高度な技術力を必要としていない。現在のデジタル製品は、パーツを買ってきて組み立てるだけでできてしまう。また、自動車や鉄道システムのように、命を守る高度な安全技術が必要なわけでもない。家電やデジタル機器は、発熱や発火を防止できれば、おおよその安全は確保できる。産業用の

製造装置のような、寸分の狂いもない高度な品質も要求されない。

家電技術自体は、それほど高度な技術ではないから、韓国でも、台湾でも、中国でも、すぐにマネができる。

日本の技術力の真の強みは、重工業と素材・部品にある。組み立て技術でできる家電製品と違い、素材・部品技術は、ただでさえ追いつくのが難しいことに加えて、日本企業はこの分野にもっとも多くの研究開発費を投じている。ますます、世界を引き離しているのが実情だ。

素材・部品分野が強みをもっているのは、日本の完成品メーカーが、部品メーカーや素材メーカーをたんなる下請け扱いせず、よりすぐれた部品をつくってもらうために、パートナーとして共同で開発しようとしているからである。

たとえば自動車の場合、ボディを形成する薄板が必要になる。軽くて頑丈な薄板をつくれば、燃費もよくなり、安全性も高まる。トヨタは新日鐵（現・新日鐵住金）と共同で研究を行ない、情報交換をすることで、世界最高の薄板を完成させた。トヨタと新日鐵との共同開発製品である。この共同開発の姿勢があるからこそ、日本の素材は最終製品に最適になるように、きわめて高い品質のものがつくられる。

同様のことは、アパレルでも起こっている。ユニクロは、東レと共同で素材開発を行なっている。ユニクロは、どういう製品を、どのくらいの量がほしいかということを東レに伝え、一緒になって考える。東レの側は、ユニクロからまとまった注文が得られるので、さまざまなアイデアを出し、素材の開発を本気になって行なう。

素材ができあがると、ユニクロはそれを海外に持っていって、低コストで加工、縫製する。その結果、安くて品質のすぐれた製品ができ、「ヒートテック」などの世に知られたヒット商品に結びついている。

日本では多くの業界で、素材や部品のメーカーと最終製品のメーカーが共同で開発を続けているから、ニーズのある品質の高い素材・部品ができあがる。世界のどの企業も、そういう素材・部品をほしがるわけである。

世界最高品質の素材・部品であるから、価格競争にも巻き込まれない。一定の利益を乗せて、収益を確保できる。それをさらなる研究開発に回すという好循環が生まれている。

自社でしかつくれない素材・部品をもっている会社は、円高になっても恐れることがない。そのぶんを価格に転嫁するだけである。

円高になって、家電メーカーは、韓国、台湾の企業に勝てなくなったが、韓国、台湾企業は、日本の素材・部品を使わざるを得ないので、彼らが利益を挙げれば、日本の素材・部品メーカーも利益を挙げられる。

そのような構図であるから、韓国のサムスンが世界で製品を売りまくり、利益を挙げれば挙げるほど、日本からの部品の輸出が増え、対韓国の日本の貿易黒字が増えていく。

日本の真の強みは、重工業と素材・部品にあり

韓国「ポスコ」の高性能鋼板技術をめぐって、新日鐵住金が一千億円の損害賠償と高性能鋼板の製造・販売差し止めを求めて訴訟を起こしている。新日鐵側は、ポスコが新日鐵のOBから不正に技術を取得したとしている。訴訟の行方はわからないが、定年退職組が韓国に技術を流出させた可能性は高い。

しかし遡ってみれば、ポスコはもともと、新日鐵など日本の技術によってつくられ

た会社である。

ポスコ初代社長のパク・テジュン（朴泰俊）と私は面識がある。彼は日本の陸軍士官学校を卒業して、韓国で少将まで務めた軍人である。陸軍を退役した矢先に、大統領から呼び出しを受け、日本からの賠償で製鉄会社をつくることになったので、その責任者になってくれるように依頼されたという。彼は、「自分は軍人であり、腰が抜けるほどビックリした」と当時のことを話していた。

彼は鉄のことなど何も知らないので、断ろうとしたところ、大統領から「東京にすぐに行って、八幡製鐵（現・新日鐵住金）の稲山嘉寛《よしひろ》社長（当時）に会うように」といわれた。稲山氏に会うと、その後は稲山氏が全面的に取り仕切り、すべての面倒をみて、ポスコを設立したのである。

ポスコの基盤をつくったのは、もともと新日鐵の技術である。また、前述したように、サムスン重工業に造船技術を教え、全面的に面倒をみたのは、石川島播磨重工業である。その他の業界でも、日本企業が韓国、台湾、中国の企業に技術指導をした分野は数えきれないほどある。

現在では、韓国、台湾企業に追いつかれ、追い越された分野もある。だが、もともと日本が技術指導して産業が発展した国々であるから、指導した側の日本とは技術の厚みが違う。

笑い話のようなものであるが、ある韓国人によれば、ソウルの漢江《ハンガン》に架かっている二十七本の橋のうち、信頼できる橋は二本だけだという。その二本は、いずれも戦前に日本がつくったものである。一本は国道一号線であり、もう一本は戦前に日本が物資を運ぶために架けた鉄道路線だ。この二本の橋は、韓国人から非常に信頼されているという。

韓国人にとって、戦後に急成長した自国の技術にはどこか信頼を置けない面があるが、日本人はいつの時代でもけっして手を抜かないから信頼できるのだそうだ。

日本の技術の蓄積は、戦後に始まったものではない。明治以降、百何十年間、ずっと続けてきたものである。韓国や中国が太刀打《たちう》ちできない技術を日本はたくさんもっているのだから、それを活かしていけばいい。

日本が世界に先駆けて始めた生産イノベーション

日本企業は、明治時代から〝地道〟なイノベーションを続けてきた。世界で最初に紡績工場を二交代制にしたのも日本である。

一八七九年にエジソンが電灯を実用化したが、エジソンは電気を照明に使って街中や住宅内を照らそうと考えていた。一八八二年には、設立した発電所から電気を送り、ニューヨークのマンハッタンを電灯で明るく照らした。だが、工場を電灯で照らそうとは考えていなかったようだ。

当時、日本ではランプしか使われておらず、電灯が使われていたのは、全国でも皇居と陸軍士官学校の二カ所だけだった。

そんな電灯の黎明《れいめい》期に、日本のある企業が、電灯を工場に利用しようと考えた。一八八六年、大阪紡（現・東洋紡）が、世界で初めて紡績工場の照明に電灯を導入したのである。

それまで紡績工場では、夜間照明は使えないと考えられていた。紡績工場では綿《わた》埃《ほこり》が立つため、ランプの火に触れると、火災になってしまう。夜間の操業はできず、昼の明るい時間だけの操業であった。

ところが大阪紡は、発明されたばかりのエジソンの電灯に目をつけた。電灯を使えば、火災が発生しなくなる。電灯で照らせば夜間操業が可能になり、二交代制ができると考えたのだ。

日本の民間施設は、もちろん官公庁ですら、まだどこも電灯を使っていない時代に、工場への電灯導入を思いついて、二交代制を実現したのである。

当時の人は、電灯など誰もみたことがなかったため、夕方になると、大阪紡の工場の周りには見物人が殺到した。大阪市が電灯を使うようになったのは、それからずっとあとになってからである。

紡績工場を二交代制で操業するという世界初の試みによって、大阪紡は圧倒的に生産性を高めた。他社も同様の動きをして、日本の紡績業界は国際競争力を急速に高めていった。

日本の綿糸は、周辺のインド、中国も駆逐していった。紡績業界が発展したため、その影響が他産業にも広がり、日本はあっという間に国力を強化することができた。

明治維新のときには輸入国であったのが、いつのまにか輸出国に転じた。すべては、大阪紡の生産イノベーションが始まりである。

世界に先駆けてこのようなことができるのが、日本企業の強みだ。

私はかつて、関西経済連合会の講演に呼ばれたことがあり、講演後に、当時の関経連会長の宇野収《おさむ》・東洋紡会長と話をした。

「宇野さん、あなたのところは、世界で最初に紡績工場に電灯照明を導入したことで有名ですね」

と聞くと、聞いたことがないような顔であった。すぐに、社史編纂室に連絡して調べさせていた。一時間ほど経ったころだったか、社員から連絡があった。

「長谷川さん、あなた、どこで調べたか知らないが、まったくそのとおりだった。ウチの社史編纂室の連中も、一生懸命に古い資料をひっくり返して、ようやく見つけ出したようだ」

明治時代の古い話であるから、社員でも知らないのは無理もない。日本人の先人たちは、われわれが知らない時代から、ずっとイノベーションを続けていたということである。

明治以来のイノベーションの伝統を守っていけば、日本企業はこれからも、新しいものを生み出し続けることができる。

日々の積み重ねによって技術を磨く日本

日本のイノベーションの代表的人物といえば、トヨタグループの始祖である豊田佐吉だ。

佐吉は東京・上野で開催された博覧会で、外国製の織機をみて、それをつくろうと考えた。博覧会には十五日間も連続して通い、熱心にノートをとり続けたため、係の者から怪しまれて、注意されたほどだったという。

佐吉は、機械のことを学んだわけでもなく、じっくりと観察し、独力で織機を開発しようとした。その苦労は並大抵《なみたいてい》ではなかったはずである。

佐吉は改良に改良を続けて、木製織機を開発し、次々と特許を取得していった。佐吉の開発した織機は、日本の綿糸業界の生産性を大幅に高め、日本の産業発展に大きく貢献した。

しかし、木製織機では耐久性に乏しい。そこで耐久性を高めるために、金属で織機を開発しようとして、さらに改良を続けた。簡単にはいかず、苦労して苦労してようやくつくり上げたものの、うまく動かない。

息子の豊田喜一郎氏（トヨタ自動車創業者）や甥の豊田英二氏（トヨタ自動車初代会長）が東京大学の機械工学科を出ているため、知恵を出させて、金属製の織機の開発を進めていった。

そういう地道な技術開発を、明治以降、毎日行なってきた。その積み重ねのうえに、現在のトヨタ自動車の高い技術力が成り立っている。一朝一夕《いっせき》に高い技術力を得たわけではないのである。

トヨタ以外の会社もみな同じである。日々の積み重ねによって技術を磨き、イノベーションを起こしてきた。技術者を引き抜いて技術力を得た韓国、中国などには、とうていマネのしようがない技術の厚みが日本企業にはある。

経営者としての帝王学も施した豊田佐吉

豊田佐吉は後継者に対して、技術面だけでなく、経営者としての帝王学も施したようである。

私は、豊田英二氏から何度も話を聞いている。

英二氏を経営者に押し上げる教育訓練をしたのは、叔父の佐吉である。英二氏は幼いころから、大学ノートに毎日、綿花の相場を記録させられた。日付を書き、その下に、リバプール、ニューヨーク、ボンベイの三カ所の綿花相場を記入する。相場のデータは、毎日、東洋棉花《めんか》から電話で英二氏に伝えられるように、佐吉が手配した。三カ所の綿花相場の隣には、銀の相場を記入する。銀の相場とは、為替相場のことである。そして、三カ所の綿花相場をそれぞれ為替相場で割って、日本国内に持ち込んだ場合の綿花の相場を算出する。

綿糸の原価は七五％が綿花であるから、綿花の相場を算出すれば、綿糸の原価を割り出せる。

「綿糸二十単」の先物が大阪で取引されていたので、算出した原価と比べて、「綿糸二十単」のほうが高ければ売り、安ければ買う。

この訓練を、英二氏は幼いころに毎日やらされた。一週間ごとにノートを佐吉のところへ持っていき、指導を受けた。トヨタ広しといえども、佐吉から、このような訓練を受けたのは英二氏だけである。

佐吉は、綿糸事業は非常に利の薄い商売であり、毎日、きちんと原価を計算しなければ利益を挙げられないと考えて、英二氏に帝王学を授けたのである。

豊田佐吉は日本の発明王と呼ばれる人物であり、発明に次ぐ発明でイノベーションを起こしてきた。だが、その一方で、きちんとした原価計算によって、経営を成り立たせることを考えていた。このDNAを受け継いできたからこそ、トヨタは世界屈指の企業であり続けられる。

日本の特許収入は、あらゆる国に対して黒字

日本を支えているのは、高度な技術力であり、それを裏付けるものが特許である。

日本の特許等使用料に関する受取額／支払額を示す「技術貿易収支」は一九九二年以降、つねに黒字である。二〇一二年十二月に公表された、「科学技術研究調査」（総務省）によれば、二〇一一年度の技術輸出による受取額は、二兆三千八百五十二億円、技術輸入による支払額は四千百四十八億円。技術貿易による収支額は、一兆九千七百四億円の黒字で、過去最高額である。わかりやすくいえば、日本は毎年、特許で二兆円ずつ稼いでいるということだ。

日本の特許収入は、一九九六年以降、世界のすべての国に対して黒字となっている。二〇一一年度の各国に対する黒字額は、四千九百一億円（対アメリカ）、千四百四十四億円（対イギリス）、二百三十二億円（対ドイツ）、三千四十五億円（対中国）、九百八億円（対韓国）、千七十五億円（対台湾）である。

言い換えれば、アメリカ企業も、イギリス企業も、ドイツ企業も、中国企業も、韓国企業も、台湾企業も、日本から特許を買わなければ立ちゆかないということだ。アメリカ、イギリス、ドイツなどからは、日本が買っている技術もたくさんあるが、それでも、それらの国々に売っている技術の金額のほうが、はるかに多いことを示している。

一方、中国、韓国、台湾は、日本に対して売るような特許をほとんどもっていない。日本が各国に支払った技術料は、合計しても五十億円にも満たない。中国、韓国、台湾は、日本の特許がなければ、企業活動ができないという現実がある。

このように、日本には、特許という非常に強い武器がある。

仮に特許紛争が起こったときも、自社がたくさんの特許をもっていれば、優位に紛争を乗り切ることができる。昨今のモノづくりにおいては、自社の特許だけで製造できる製品はほとんどない。自社の特許と他社の特許を〝クロスライセンス契約〟で交換することによって、製品づくりを行なっている。有力な特許をもっていれば、他社との交渉を優位に進めることができるし、紛争においても武器となる。

もし、他社に売れる特許をもっていなければ、法外な価格で他社の特許を使用せざるを得なくなる。特許は、現在の製造業にとって浮沈のカギを握っているといってもいい。

米「グーグル」が「モトローラ」を百二十四億ドルで買収したのも、モトローラのもつ特許が狙いである。グーグルは、買収額の約半額はモトローラのもつ特許の対価と見なしている。

グーグルは、自社のスマートフォン向け基本ソフト「アンドロイド」を守らなければいけない。ライバルのアップルやマイクロソフトが、さまざまなかたちで特許による攻撃を仕掛けてきているからだ。

グーグルは、モトローラの事業がほしかったのではなく、「アンドロイド」を守るための武器として、モトローラがもっているとされる約二万四千五百件の特許がほしかったのである。〝特許ポートフォリオ〟を強化することは、ハイテク企業の重要な戦略となっている。

韓国サムスンは「アップル」から特許侵害で提訴されており、また逆にアップルを訴えてもいる。サムスンは、米国内では敗訴し、十億ドルの支払いを命じられた。毎年、アメリカで第二位となるほどの特許を取得しているサムスンですら、特許問題では苦しめられている。他の会社であれば、持ちこたえられなかったかもしれない。特許が会社の将来を大きく左右する時代なのである。

幸い、日本企業は多数の特許をもっている。これを活用していけば、新たな戦略も描けるはずだ。

日本企業は、〝知恵〟で勝負をしていけば、世界のなかで重要なプレーヤーであり続けることができる。他国を凌駕《りょうが》している素材分野、重電分野などにウエートを置いて知恵を絞れば、日本はさらに競争力を高めていける。

世界の研究開発拠点となる日本

サムスンは研究開発に非常に力を入れているが、必ずしもすべて韓国国内で技術開発をしているわけではない。

神奈川県の横浜市の工業団地のなかには、サムスンの研究所がある。この研究所には、韓国人は数人しかいない。あとはみな日本人である。日本で研究開発を行なって、技術力を高めているのである。

アメリカの化学会社「デュポン」も、同じ横浜市の工業団地に研究所をもっている。この研究所で開発しているのは、主にエンジニアリング・プラスチックスである。つまり、工業用の部品開発を日本で行なっているのだ。

私はこの研究所を訪れたときに、なぜ、アメリカよりも賃金の高い日本で研究開発を続けるのか尋ねてみた。その理由は、日本のマーケットが非常に厳しいマーケットだからということであった。

日本の製造業は、世界最高水準の技術をもっており、納入先に対してきわめて高い品質を要求する。この厳しい日本市場で納入に成功すれば、世界のどの市場でも売れるモノがつくれるということである。

ＩＢＭも、神奈川県に研究所をもっている。この研究所も見学したことがあるが、最先端の研究所であった。ＩＢＭは、日本の研究所でさまざまな開発をして、その成果をシンガポールへ送信する。シンガポールで製造したほうが、コストが安いからである。

そのシンガポールでは、下請けとしてインドネシアを使う。マレーシアよりもインドネシアのほうが賃金は低いため、インドネシアの中小企業を上手にリードして部品をつくらせる。それをシンガポールに輸入し、シンガポールで組み立てて、世界市場に出荷しているのである。

ＩＢＭは国際的ネットワークを利用して、世界各地の最適地を選んで、研究開発と生産を行なって事業展開をしている。その中核となる研究開発拠点の一つを、日本に置いているというわけなのだ。

第五章

日本の誇り

いまだ衰えぬ世界トップの技術力

日本の技術がなければ「アムトラック」も走れず、
シェールガスも効率よく採掘できないのが現実

アメリカも中国も及ばない日本の鉄鋼技術

日本の鉄鋼技術は、現在、世界一である。この分野も明治以降の改良・開発努力の蓄積によるものである。

あまり知られていないが、日本の鉄鋼技術の母体となっているのは〝ロシアの特許〟である。ロシアには世界最先端の鉄鋼技術があり、日本はロシアから特許を購入し、それをリファインして立派な技術に磨き上げた。

ロシアは高い技術をもっていたものの、活かすことができなかった。イノベーションを続けてこなかったからである。

それを象徴的に示す例がある。

旧ソ連（アゼルバイジャン）にバクーという町があり、そこに冷蔵庫の組み立て工場がある。これは、いまから四十年ほど前に東芝から買ったものである。ところが信じがたいことに、それ以降、一度も工場のモデルチェンジをしていない。機械のパーツ交換をしたくても、四十年前の機械のパーツをつくっている企業はどこにもない。

そのため、もはやモデルチェンジすら不可能になっている。

技術は日進月歩であるにもかかわらず、まったく進歩がない。その間に日本は改良に改良を重ねて、技術を磨き上げていった。

戦後の占領下では、重工業はアメリカによって制限を受けていたが、占領が終わり、外国企業の技術を導入できるようになった。技術導入の第一号として、八幡製鐵がアメリカの会社から「連続圧延技術」を購入した。その後、八幡製鐵と富士製鐵が合併して新日鐵になってからは、さらに技術開発が進んだ。

ロシアの特許を母体に、アメリカの技術を導入し、独自の研究開発を続けて、世界一の鉄鋼技術を身につけたのである。

鋼材一ｔをつくるのに石炭をどれほど使用するかによって、製鉄技術の評価ができる。

十九世紀初頭には、鋼材一ｔをつくるのに三十ｔの石炭を要した。産業革命が進み近代的な一貫製鉄所ができてからは、石炭使用量は三ｔにまで低下した。現在の日本の最先端技術では、鋼材一ｔをつくるのに必要な石炭は、わずか〇・五ｔである。これは、アメリカも中国もまったく及ばない技術力である。

鉄道のレールも世界最高技術

日本の新幹線技術の高さが報道されることが多いが、忘れられている面がある。それは、レールである。

新幹線の安全を守っているのは、車両や運行システムだけではない。レールも安全に大きく寄与している。

新幹線に乗ると、ほとんど揺れを感じることがないはずだ。それは、最高水準のレールを使用しているためである。通常のレールは、一m当たり六十kgであるが、新幹線のレールは同八十kgである。この頑丈なレールを使うことで、超高速で走行する新幹線の車両の揺れを抑制している。また、レールの重量が軽いと車両のスピードが出ないから、高速走行を支えているのも、このレールである。

高度なレールだけに、製造は難しい。製造できるのは、日本の新日鐵住金とＪＦＥスチールだけである。

レールの長さは一本八十ｍあるが、八十ｍを均一に約八百度で加熱するには、高い技術力を要する。その技術をもっているのが、日本のこの二社である。

世界では、高速鉄道計画がいくつも予定されている。日本のレールを使えばより安全に高速鉄道を運行できるため、世界から引き合いがある。ドーバー海峡を英仏トンネルで結ぶ高速鉄道も、日本の八十kgのレールが使用された。

アメリカも、日本の八十kgレールを採用している。

アメリカには「アムトラック」という大陸横断鉄道があるが、アムトラックは大型のコンテナを積んだ貨物列車が頻繁に走っている。一編成で何十ものコンテナが運ばれるので、それに耐えうるレールでないと脱線してしまう可能性がある。そのため、日本の八十kgレールへの置き換えが進んでいる。日本以外に競争相手がいないから、値段が高くてもよく売れる。

安全な鉄道運行のためには、車輪も重要である。車輪と車軸が外れると脱線してしまうが、両者が外れないように、車輪と車軸を一体に鍛造《たんぞう》できる技術をもっているのが新日鐵住金である。この技術をもっているのは世界で一社だけだ。

今後も日本の高度な製鉄技術が、世界の鉄道の安全を支えていくことになる。

〝電炉製鋼法〟が世界地図を塗り替える

伝統的に日本は鉄鋼業が強かったが、鉄鉱石と石炭から鉄鋼材料をつくる従来の〝高炉銑鋼一貫方式〟は、おそらくあと五年から十年のうちに、鉄くずを原料にした〝電炉製鋼法〟に駆逐される。

それを如実に示しているのが「株価」だ。

二〇一二年十月、新日本製鐵と住友金属工業は経営統合し、新日鐵住金となった。ところが、その子会社の大阪製鐵の株価は、親会社の十倍近い値をつけている。親会社のほうは高炉をもっているが、子会社のほうは高炉をもっておらず、電炉だけである。

つまり相場は、高炉メーカーと電炉メーカーのどちらに将来性があるのかをみているわけだ。

当然のことながら、こうした流れは日本だけでなく、世界全体の鉄鋼業界に大きなインパクトを与える。鉄鉱石も石炭もいらないとなると、たいへんなのはオーストラリアなどの資源国だ。

そうなると先進国のほうが強い。日本の場合も、国内の鉄くずを回収することで間に合ってしまう。

電炉による生産革命は、鉄鋼に関する世界地図を描き直すような状況となるはずだ。中国の国内生産体制にも大きな動揺を与えることになろう。

今後の自動車の主力となるだろう小型電気自動車（ＥＶ）のボディには、自動車専用の鋼板は使用されない。低価格にしなければクルマが売れないから、低価格の鋼板が使用されることになる。これは高炉ではなく、電炉でつくられる。すると価格も、五分の一程度に抑えられる。

日本の自動車メーカーが、電炉でつくったボディを使用した超低価格ＥＶをつくれば、世界を席巻《せっけん》できるに違いない。

ＬＣＣで息を吹き返す日本の航空機産業

航空機産業は、今後の日本にとって重要な産業となる。

二〇一二年は日本にとってＬＣＣ（格安航空会社）元年となったが、こうした日本の動きを含めて、目下、世界中でＬＣＣが拡大、発展を遂げている。

アメリカでは、ＬＣＣの興隆のおかげで、空港が超過密になっている。どの空港も乗客で満杯で、人波をかき分けなければカウンターにも行けない。バカンスシーズンには、空軍の基地を旅行客に開放しているほどだ。

日本でもＬＣＣによって、あと五年もすれば、全国に九十以上ある地方空港は賑《にぎ》わいをみせるようになるだろう。一方で新幹線は、閑古鳥が鳴いているかもしれない。ＬＣＣを使えば、五千円で、一時間で到着するところに、一万円も二万円も払って、三時間も四時間もかけて行く人はいなくなる。

実際、中国ではＬＣＣが急速な勢いで広がった結果、せっかく整備した高速鉄道網からＬＣＣへと客が流れてしまっている。

安い料金で旅客機を飛ばすＬＣＣは、世界的に交通システムの大変革を迫るものだが、同時に航空機産業にとって大きな新マーケットを生み出す要因となる。地方の空港を結ぶ航路が中心となっているＬＣＣは、少ない乗客数でも稼働率が高く、機体のやりくりに小回りが利く小型機が主流となっている。

この分野に「ＭＲＪ」という機種で参入したのが、三菱重工業子会社の三菱航空機である。二〇一三年に初飛行を実施する予定だが、すでに予約の段階で受注数が二百機を超えたという。将来、累計受注数が一千機を超えてもおかしくない。

日本の航空機産業および関連する重工業は、ＬＣＣのおかげで完全に復活したといえるだろう。

世界最先端のクルマの〝衝突防止技術〟

栃木県の高根沢にホンダの研究施設がある。

私は、この研究施設を二回見学した。二回目に訪れたときは、五年ほど間隔が空いていたのだが、あまりにも進化しているので驚いた。

初めに訪れたときは、二階建てのバラックだったが、いつのまにか、鉄筋コンクリートの五階建ての建物に替わっていた。なかには千人を超える研究員がおり、膨大な数のＣＡＤ用コンピュータが設置されていた。ＣＡＤを使うことによって、非常に効率的に設計ができるようになったとのことだった。

この敷地には、衝突テストの実験設備がある。屋内の衝突実験設備は、世界で唯一である。つくばの日本自動車研究所の実験設備も、トヨタのもつ衝突実験設備も、みな屋外だ。

広大な体育館のような施設の床に、レールが敷いてある。センターラインがあり、それにめがけて衝突するように、レールの角度が三十度、六十度、九十度と、あらゆる角度に調整できるようになっている。コンピュータ制御で、クルマのスピードもコントロールできる。

このようにして、さまざまな角度からスピードを変えて自動車を衝突させ、安全性能を確認している。

この衝突テストに使うクルマは、すべて新車である。工場ラインのなかから完成車をランダムに抜き取り、それを使って衝突させる。一回衝突させると、一千万円以上のコストがかかるそうだ。ピカピカの新車を使うのだから、そのくらいの金額はかかるだろう。

間近で見学させてもらって、そのレベルの高さに感心したが、これほどの実験を重ねている自動車会社は海外にはない。高い安全性と品質にこだわる日本の自動車会社だけである。

実験を繰り返し、どの角度で、どのスピードで衝突すると、どんな潰《つぶ》れ方をするのかというデータが取られる。それに基づいて、安全な自動車の開発が行なわれているほか、衝突そのものを防ぐ装置の開発も進んでいる。

ホンダも含め、トヨタも日産も三菱も富士重工業も、日本の自動車メーカーはすべて〝衝突防止技術〟の実用化をしている。日本の自動車事故の死傷者の多くが追突によるものだが、それを防ぐ技術で日本車は圧倒的にすぐれている。世界でいちばん最先端の技術は、衝突を防止する技術である。

アメリカのような高速道路網が発達した国では、衝突防止技術は不可欠だ。高速走行で衝突すれば、死につながりやすいうえ、複数台の玉突き事故になって大惨事につながることもある。高速道路においては、衝突は絶対に防止しなければならない。日本の自動車会社の技術は、これからますます世界に求められていく。

私は、ホンダの衝突防止技術の実験設備を見学させてもらい、また、埼玉県狭山市の工場にも何度も見学に行っている。ホンダは研究所を含め、さまざまな施設をみせてくれる。だがそのホンダにして、絶対に見学者にはみせない工場もある。専門工場に外部の人間を入れると、重要な技術が流出してしまう可能性があるからだ。コアの技術に関しては、きちんと守り抜く姿勢をとっている。高度な技術を開発することは重要だが、それを守ることも重要である。

私が見学に行ったときに、たまたまアメリカのオハイオ工場から従業員が研修にきていた。彼らに「ホンダはどういう会社か？」と聞いてみると、みな「ベスト・カンパニーだ」と答えた。ホンダほど給料のいい会社はないという。ある従業員は、「自分が卒業した小学校の教師の二倍半の年収である」といった。

ホンダはオハイオ工場の従業員に対して、平均的なアメリカ人労働者の倍以上の賃金を支払っている。だからこそ、それに見合った仕事をしてもらうために、日本に呼んで、研修を行ない、すぐれたエンジニアを育てようとしているのだ。

超ミニEVを五十万円でつくれる技術

自動車の世界で今後重要なのは、〝ミニ化の技術〟だ。大型車が好まれていたアメリカでも、大型車が売れる時代は終わっている。これから先進国の自動車メーカーが生き残っていくには、いかに価格の安い小型車を販売して利益を出していけるかにかかっている。

極端な言い方をするならば、それができない自動車会社は潰れてしまっても不思議ではない。

インドの「タタ・モーターズ」は一台二十万円のクルマをつくった。クーラーが装備されていないなど、徹底的に製造コストを下げた結果である。

この自動車が予想されていたほどうまくいかなかったのは、製品そのものよりも、労使関係に問題があった。インドはカースト制度の考え方が残った国であり、それに足を引っぱられた。ただし、低価格自動車の方向性自体は間違っていなかった。タタ・モーターズはガソリンエンジンで超低価格車を実現したわけだが、次に小型車の主流となるのはＥＶ（電気自動車）だ。

なぜなら、ＥＶは普通のガソリン車に比べて、部品の点数が三分の二程度と少なくてすむからだ。そのぶん、安くつくれる。おそらく次世代ＥＶの価格は、五十万円台になっていくだろう。

現在のＥＶはミニ化が進んでおらず、重量が重いため、充電一回の走行距離にまだ難点がある。各社は、最大走行可能距離を示しているが、もっとも条件のよい場合の走行距離であり、実際にＥＶに乗っている人たちは、想像以上に短い距離でバッテリーが切れて動かなくなる体験をしている。

その問題を解決するのが、超小型化だ。二人乗りの超ミニＥＶは、充電なしで百㎞を走行できる。一㎞当たりの運行コストも、ガソリン車の十分の一に抑えることができる。おそらく一〜二年内に、五十万円以下の超ミニＥＶが登場してくるだろう。

ＥＶの場合はガソリン車と違い、エンジンが搭載されないから、エンジン部分の高度な加工技術は不要になる。電気制御で回転数を変えられるため、歯車を組み合わせて回転数を制御する必要もなくなる。

精密な歯車をつくるためには、高度な研磨装置が必要になるが、残念ながら日本は、高度な研磨装置を国産でつくることができなかった。製造できるのは、スイスの「マーグ社」とアメリカの「シンシナティ社」の二社だけで、日本の自動車会社は、すべてこの二社の輸入品を使っていた。マーグ社とシンシナティ社の装置を何台もっているかが、自動車工場のステータスを決める時代もあったほどだ。

ところがＥＶの時代になれば、ギアが必要ないので、マーグ社もシンシナティ社も不要になる。コンピュータ制御のNC工作機械があれば十分にEVを製造できる。

NC工作機械を世界でいちばん数多くつくり、また使っている国は日本である。日本は、工場内のロボット化でも世界最先端をいっている。次世代EVの時代は、日本メーカーにとって非常に有利になる。

衝突安全性を高める技術と、超小型EVの開発に求められる技術は、ある意味、まったく逆方向のものだ。その両方の技術に多額の投資を続けてきたのは、日本の自動車メーカーだけである。これからの時代に不可欠な両技術の分野で、日本は世界の先頭を走っているのである。

世界が日本の重工業技術を求めている

群馬県の太田市に、自動車のプレス機をつくる有名な鉄工所がある。大型車の車体の鉄板を打ち抜くプレス機は、上の金型、下の金型を合わせて、重量が三十tにも及ぶ巨大な装置だ。

この工場のすぐそばに、国際貨物のDHLの出張所がある。鉄工所には、アメリカやヨーロッパの大手自動車会社から、次々とプレス機の注文が入り、それをすぐに空輸できるようにＤＨＬが常駐しているのである。

三十ｔもある大型の金型を空輸するには、航空機に積めるように、きちんとした梱包をしなければいけない。航空機の安全を守るために、航空各社は、荷物が適正に梱包され、証明書に梱包の専門資格をもった者のサインがないかぎり、荷物を受け付けない。

大型の重機を梱包することのできる梱包士は、数が限られている。専門的な梱包士を雇っている非上場の会社が神奈川県横浜市にあるが、その会社の動きを聞けば、日本の重機械の輸出状況がだいたいわかる。

私はときどき、その会社の社長に話を聞いている。

「この数年、忙しくて忙しくて仕方がない」とのことである。人手が足りなくて、梱包士たちは、ハイヤーに乗って朝から晩まで客先を飛び回っている。電車に乗って移動していたらとても回りきれないほど、需要が多い。昼食は、ハイヤーのなかで食べているという。

その会社では、お得意先の五社以外の新規の取引は、すべてお断りせざるを得ない状況である。その五社は、すべて大手重工業会社だ。

国際空輸するための梱包作業がそれほど多忙を極めているというのは、日本の重機械、製造装置が飛ぶように売れている証拠である。世界が日本の重工業技術を求めているのである。

シェールガス革命で飛躍する日本の重工業

第二章でも述べたが、アメリカで始まった〝シェールガス革命〟は、日本にとって大きなチャンスである。というのは、天然ガスを試掘するには、日本の重工業技術が欠かせないからだ。

私は、コロラド州の天然ガスの試掘現場を訪れたことがある。一つの試掘地区だけでも、先がみえないほど広大だった。その広大な地区の半分が森林域で、残りの半分が試掘施設であった。

施設内には、大量のパイプが積まれていた。そのブランド名をみてみると、新日鐵、川崎製鉄、住友金属など、日本のブランドしかない。「日本製品しか置いていないのはなぜか?」と現場責任者に尋ねたところ、日本製品と他国の製品では品質がまったく異なるということだった。

アメリカ製のパイプは、一度打ち込んで、引き抜いたらもう使えない。だが日本製のパイプは、繰り返し使える。

値段は日本製のパイプのほうが三倍するが、日本製を使ったほうがメリットが大きいという。作業をしている現場の責任者がいっているのだから、間違いないだろう。日本製のパイプは、他国のパイプと比較にならないほど丈夫なのである。

前述した鋼材一tをつくるのに、どのくらいの石炭を使うかという鉄鋼業界の技術力の差が、ここにも表われている。

今後、アメリカではシェールガス開発がますます盛んになる。シェールガスは世界の多くの地域に存在しているから、世界中でシェールガスの採掘が始まるかもしれない。シェールガス開発は、日本のパイプ技術や重機がなければ、効率よく採掘できないはずだ。シェールガス革命によって、日本の重工業界は、さらに飛躍できる可能性がある。

「春闘」＝「賃下げの場」とするほかない

「アベノミクス」の効果で円安が進行したが、それまでは、ずっと極端な円高が続いており、日本企業をさんざん苦しめた。

円高は、輸出製品の価格を押し上げただけではない。それよりも大きかったのは、相対的な賃金上昇である。円ドルレートで一割の円高になるということは、ドル換算した場合の日本人の人件費が一割上昇するということである。つまり、円高というのは〝賃高〟である。

その結果、P.64で触れたように、日本の一人当たりの人件費は、アメリカの一人当たりの人件費の二倍程度になってしまった。円高は、日本人の賃金水準を相対的に著しく押し上げた。だから、多くの企業が採算割れを起こして、赤字体質に陥った。

企業は生き残りのために、正社員の採用を抑制し、賃金水準の低い非正規社員の採用を進めるしかなかった。いまや非正規社員の割合は、三五％を超えている。

企業は、正社員の賃下げを行ないたいと考えている。だが、欧州諸国と同じように、日本も労働組合の力がまだ強く、簡単に賃下げすることができない。やむなく、非正規社員の採用によって、実質的な賃下げを行なったわけである。

先進国のなかで、日本の労働者の賃金水準は突出して高いにもかかわらず、労働組合はさらなる賃上げを狙っている。

これまでは、「春闘」＝「賃上げの場」という要素が強かったが、それでは、日本企業は競争力を高めることはできない。企業が破綻に追い込まれれば、組合員全員が失職することになるのであるから、労働者側もそこをよく理解する必要がある。

第一章で述べたように、欧州諸国は伝統的に労働者保護の考え方が強かったが、その見直しを始めている。いち早く使用者が権限を取り戻したドイツでは、企業が大胆な人員削減を行なったにもかかわらず、失業率は五％台にまで低下した。それに対し、厳しい解雇規制で労働者を手厚く守ろうとするフランスは、失業率を一〇％台に高めてしまった。この現実をみて、イタリアなども、労働者保護の姿勢を弱めはじめた。

日本は世界のなかで突出した賃金の高さである。これを放置すれば、国際競争力を失って、破綻する企業が続出する。これからは、「春闘」＝「賃下げの場」とするほかない。そうでなければ、追い上げてきている新興国はもちろん、欧州諸国の企業にも勝てなくなる。

日本企業が競争力を高め、経済を発展させるためには、欧州諸国のような労使慣行の見直しも必要である。

メタンハイドレートの開発を急げ

日本はアメリカと交渉して、低価格のシェールガスを輸入しようとしている。安いシェールガスがアメリカから安定的に輸入できれば、石油やＬＮＧを購入する際の価格交渉力が高まり、エネルギーをより安く入手できるようになる。

だが、いずれの場合も、他国にエネルギーを依存していることに変わりはない。やはり日本は、独自のエネルギー源をもたなければならない。

日本に残された道は、「メタンハイドレートの開発」だ。メタンハイドレートとは、メタンガスがシャーベット状で蓄積しているもので、海底などに存在する。日本周辺の海底には、水の分子と結合して膨大なメタンハイドレートが眠っているとされる。太平洋側に多く埋蔵されているが、日本海側の佐渡沖などにもある。

メタンハイドレートの埋蔵量は、少なく見積もる人でも、天然ガス換算で六兆㎥。多く見積もる人は、その一・五倍くらいとしている。これは日本の天然ガス消費量の百年分以上に相当する。すでに愛知県の知多半島沖では、地球深部探査船「ちきゅう」を使って開発が進められている。独自のエネルギー源をもてば、エネルギーコストは大幅に低下する。産業競争力も飛躍的に高まる。

日本は、独自のエネルギー源をもつために、この分野にさらなる資金を投入すべきである。そうすれば、低価格の安定的なエネルギーが生まれ、電力料金も下がり、日本企業の競争力はさらに増していく。

日本には長年の技術の蓄積があり、重電機、工作機械、製造装置、素材、部品などの分野は、いまだに世界で群を抜く競争力をもっている。自動車の安全技術も世界最先端だ。家電やデジタル機器で負けたからといって、心配する必要はまったくない。

高度な技術力があるのだから、あとは国を挙げた長期戦略として、メタンハイドレートなどを開発し、自前のエネルギーを確保することである。

日本が、自前で安価なエネルギーをもつことができれば、日本企業の未来は非常に明るいものとなるだろう。

第六章

日本の活路

脱・中国&入・アフリカの市場戦略

有望なミャンマー、バングラデシュ、インド。
エネルギー戦争のカギを握るアフリカ大陸

悲鳴を上げて中国から撤退する外資企業

日本のモノづくりはいま、たいへんな苦境に陥っている。安倍政権の誕生により多少、円安に振れた。このことで多くの企業が喜んでいる。円高とはデフレ時代にともなう現象であり、「買い手にとっては天国、つくり手にとっては地獄」の環境である。日本は円高により、世界一高い賃金水準になっている。国内に工場を置いて国際競争をしなければならない日本企業にとっては、きわめて厳しい経営環境といえる。さらに、原発停止の影響で電気料金が上がっている。法人税も、国際水準からすれば高い。国内の日本企業は当面、高賃金、高電気料金、高法人税という〝三重苦〟に苦しむことになる。

これを乗り切ることができるのは、高い技術力と開発力を背景にした製品を世の中に送り出せる企業だけだ。しかし、テレビ機器に代表される軽薄短小の製品しかつくれない企業は、新興国の追い上げを受けて存続すら危ぶまれている。高額の電気シェーバーや炊飯器、洗濯機など、たしかに国内では一定の需要があるのかもしれないが、数万人クラスの従業員を抱える大手家電メーカーの業績を急回復させる決定打にならないことは明白だ。それらの企業は、思いきって規模を小さくしないと生き残れない。

そして先の三重苦に追い討ちをかけるように、尖閣《せんかく》諸島の国有化を機に中国では大規模な反日デモが発生。現地の日本企業は、工場や店舗などを暴徒に破壊された被害に加え、日本製品ボイコットによる業績悪化に苦しんでいる。

もっとも、二〇一二年夏の反日デモが起きる前から、すでに日本企業による中国撤退の動きは始まっていた。

理由は二つある。一つは、外資企業に対する法人税の優遇措置が廃止され、中国資本の企業と同率になったこと。もう一つのさらに大きな理由は、賃金の高騰である。中国では毎年二割ベースで賃金が上がっており、現地の日本企業は悲鳴を上げている。

だが、そこで日本企業が中国から撤退しようにも、簡単にはできない縛りがある。地方税を取る地方政府の側からすれば、外資企業は〝金の卵を産むガチョウ〟。そうやすやすと逃がしてはくれず、撤退を認めてくれないケースが多い。

NHKの『クローズアップ現代』（二〇一二年十月二日放送）では、中国から撤退しようとした日本企業の社長が「退職金を払え」と脅《おど》す従業員によってホテルに軟禁され、命からがら逃げ出した例が紹介されていた。中国で日本の会社が直面している象徴的な例といえよう。

「高度経済成長国」は過去のものになった

中国からの撤退を始めたのは、日本企業だけではない。中国に進出した韓国企業は一時期、六千社ほどあった。ほとんどが中小企業だが、人件費の高騰などで大損してしまい、工場の操業を停めて撤退しようという動きが相次いでいる。

ところが中国側は、工場の稼働停止をなかなか認めないため、結局、経営者は〝夜逃げ〟するしかない。それを阻止しようと中国政府は、青島《チンタオ》（山東省南部の都市）の船乗り場に警察官を張り込ませて、フェリーに乗ろうとする韓国人をチェックしている。それでも夜逃げする者が後を絶たないという。

いまや中国を「高度経済成長国」とする評価は、完全に過去のものになったといってよい。たとえば、広東省に東莞《とうかん》という街がある。中国でも最大規模の工場地帯であり、最盛期には万単位の工場が立ち並んでいた。ところが現在、稼働しているのはその十分の一以下。従業員が出勤してきたら工場が閉まっていて、経営者が金庫の現金をもって逃げていた、というケースがざらにある。

じつは、中国の輸出の三分の一強がユーロ圏である（アメリカはそれに次ぐ約二五%、日本は三番目で二〇%ほど）。しかし例のギリシア危機の影響で、中国のユーロ圏向けの輸出は惨憺《さんたん》たる状況が続いている。これが中国で、企業の倒産ラッシュを招いているのだ。当然、国内の消費市場も急激に落ち込んでいる。日本の大手家電メーカーが中国で販売するテレビは、必ずしも高いから売れないわけではない。メイド・イン・チャイナの家電製品も含めて、中国では売れなくなってきているのである。

国民への支配力と信頼を失う共産党

冷戦が終結したのち、中国共産党の一党独裁体制が支配していた中国、北朝鮮、ベトナムの三国においては、徹底した自由経済体制、市場経済体制の導入と定着のために、またそれを展開していくために必要欠くべからざる政治的自由の確立のため、大きな投資と社会資本の整備が必要とされた。

とくに重大なのは、最大の人口と広大な国土を保有している中国の動向である。鄧《とう》小平《しょうへい》が提唱した「改革開放路線」すなわち市場経済への移行、彼の表現を借りれば「社会主義市場経済」導入下で政治制度、社会制度、経済制度を改革していく路線が、中国経済にとってきわめて強い刺激効果を発揮する時期が存在した。

しかし近年の中国では二桁成長が止まり、かつてないほど深刻きわまる〝経済危機〟に落ち込む可能性がある。のみならず、今日の中国共産党では党幹部、政府高級官僚の腐敗や堕落によって、党が国民の信頼と、国民に対する支配力を急速に失う状況をつくり出している。

二十一世紀の世界において、世界のどの国においても、当然のことながら政治体制、社会体制、さらにもちろん経済活動を規定する諸般の制度すべてにわたって、二十世紀のそれとは大きく異なる方向に全面的な〝改革〟が進行する。

たとえば政治体制を例にとるならば、戦争の脅威にもっとも適し、かつまた自ら戦争を遂行するうえで最適の政治体制であった共産党の一党独裁体制は、文字どおり雲散霧消せざるを得ない。

二十一世紀の早い段階において、東アジアで共産党の一党独裁体制を採る三つの国、北朝鮮、中国、ベトナムの三国ともに共産党の一党独裁体制が解体・崩壊・消滅する運命が待っている。

狙い目はバングラデシュとミャンマー、そしてインド

以上に記したことから、日本企業はいま新たな市場を探す必要がある。現在、私がもっとも有望だと思っているのはバングラデシュである。日本の約四割の国土に約一億五千万人が住んでいる。

バングラデシュは、一九七一年にパキスタンから独立した比較的新しい国家であり、以降、日本と経済協力関係を中心に良好な関係を築いてきた。この経済関係があるため、現在もバングラデシュは親日的である。教育レベルは高く、仕事の訓練も施しやすい。なにより賃金が非常に安いのが魅力で、日本企業にとって進出しやすい環境が整っている国である。

私は日本企業のバングラデシュ進出を支援するコンサルティング会社の日本人社長と知り合いだが、彼がいうには、バングラデシュにユニクロ（ファーストリテイリング）の誘致運動が起きたのは、同社の進出が雇用につながるだけでなく、地域の井戸掘りなどインフラ整備にも協力してくれるからだという。ユニクロがバングラデシュに進出したのは二〇〇八年と、日本企業のなかでは早かった。デフレ時代の経営者は、こうした決断が迅速にできなければならない。急激な経済構造の変化に対応するための努力を重ねない経営者は、倒産というかたちで市場から駆逐される。

民主化に向かって進んでいるミャンマーも今後、日本企業が経済活動を行なううえで有望な国となろう。ミャンマーでは、非民主化や人権問題を理由に欧米諸国が経済制裁に踏み切った一九九七年以降、海外からの投資が減り、国内経済は悪化の一途をたどってきた。そうしたなか、欧米による経済制裁の解除を求めて民主化路線に転換するという決断を下したのが、二〇一一年三月に大統領に就任したテイン・セインだった。

ミャンマーが民主化に向けて動き出したことによって、日本は欧米への配慮から経済援助や投資を事実上凍結してきた過去の方針から転換し、二〇一二年四月下旬に東京で開かれた日本とミャンマーの首脳会談で、日本政府は過去最大規模となる約三千億円の債権放棄と、二十五年ぶりの円借款《しゃっかん》再開で合意した。

ミャンマーの国土は日本の約一・八倍の広さで、約五千万人が住み、巨大市場としての潜在力も秘めている。しかも賃金ベースの低さに加えて、識字率は九割と高く、英語も話せる人も多いなど、人材の質も比較的高いとされる。当然ながら、ミャンマーへの進出の動きを強めているのは、日本だけではない。多くの外国企業が本格的な進出を検討しており、すでにオフィス、ホテル、外国人向け住居が不足気味になってきている。

いまのところミャンマーは軍事政権ではあるものの、再び民主化を捨てることはあり得ない。これまでの経済制裁がこたえており、統制を強めると経済がもたないことは、ミャンマーの軍人自身がもっともわかっているからである。

加えて、中国に次ぐ十億人を超える人口をもつ大国インドでは、政治の自由化が近年、急速に進んでいる。現在のマンモハン・シン首相（コングレス党）の政権は、自由主義体制のもとに、国民の自由投票によって選出されたものである。

経済運営に関しても、長年続けてきた政府の統制や厳しい規制を次第に緩和し、インドは本格的な〝自由化への道〟をようやく歩みはじめている。

「土地不足」は起こり得ない

インドの人口一人当たりＧＤＰは、中国の約半分の水準にとどまっている。つまりインドにおいては、きわめて低い賃金でも喜んで働く膨大な労働力の可能性が存在している。労働集約型の消費財では、著しく安価なコストでの生産が実現しうる。これは、世界の経済界では誰しもが認識していることである。

加えてインドでは、土地の価格が驚くほど低水準に置かれている。その理由は、インド独特の社会制度ともいうべき「藩王」（マハラジャ）が崩壊しつつある現実と関連している。

独立前のインドでは、日本でいえば明治維新で崩壊、消滅した「藩」に匹敵する小さな国家が多数存在し、それぞれの国には統治者として「藩王」と呼ばれる人びとがいた。その数は三百を超え、彼らの支配する面積はインド全体のほぼ七割を占めたといわれる。彼ら藩王は、それぞれがイギリスと条約を結ぶことによって、自分の領内の行政権をイギリスによって保障されてきた。

一九四七年にイギリスからの政治的な独立を達成したのち、新生インド共和国は、この藩王たちから政治権力を一方的に収奪した。しかし、彼らの支配していた地域に保有する土地を中心とした財産は、すべて保有が容認され、その安全を保障したのである。

以降、今日まで六十年近くが経過し、政権を失ったものの財産権だけは保持した三百以上の藩王たちが、今度は自らの財産の流動化を望むようになった。インド最大の地主層ともいうべき藩王が、保有する土地の買い手を求めて、世界中に手を差し伸べるようになったのである。

そのため、インドでは現在においても「土地不足」という事態は起こり得ない。外国資本がインドのどこかに大規模工場を建設するという報道が新聞やインターネットから流れれば、たちまちその外国資本の本社には、インド各地の藩王から「自分の保有地を売却したい」という要望が次々と寄せられるという。

十九世紀と二十一世紀との発展の違い

世界中にデフレが定着するなかでは、世界全体の経済活動がすべて〝単一の市場〟に統合されていく。かつての共産圏諸国に属した中国を例にとっても、「改革開放」経済の導入とともに、大量の余剰労働力を活用した労働集約型産業の成長と発展にともない、低価格の消費財を大量に先進国向けに輸出して、経済成長の原資となる外貨を稼ぐ路線が、中国の経済政策の基本になってくる。この点ではインドも、まったく同一の路線をとる。

ただし、十九世紀と二十一世紀との大きな違いは、経済成長を野放しに推進する路線をとるのではなく、環境の保全を同時に達成する点を人類共通の課題として、地球上のすべての国の経済政策の基本目標に据えたことである。

ということは、経済成長にともなう資源の浪費を極力抑制すると同時に、人類の生活環境の改善、好転をもたらす方向に、あらゆる政策手段を講じて、経済活動の中核となる民間企業を誘導するのが、万国共通の経済政策の基調になったのである。

たとえば、中国では二〇一三年二月、北京の大気汚染が問題となった。報道によれば、主な原因は石炭や自動車の排気ガスによるものであって、共産党に対する国民の怒りは高まる一方である。これまで環境保全よりも経済成長を優先してきた中国では、国営企業の力が大きくなり、習近平《しゅうきんぺい》新政権が徹底的な改革に着手できるかどうか、大きな判断を迫られている。

日本企業にとっても、こうした新しく、かつきわめて厳しい目標を達成する努力は、けっして軽い負担ではない。そこに発生するかなり重い負担であっても、経営者は全力を投入して目標達成に取り組まないかぎり、それこそ市場から政策手段の強化によって追放される危険に直面する。それも、厳しい販売競争の展開するなかでの負担だから、けっして容易に達成できるものではない。それこそ、可能なかぎりの知恵を絞らなければならない。

そうした資源浪費の抑制、環境保全への対応、省エネ化の努力が必ずしも、すべて成功につながるわけではない。だが一見ムダにみえても、企業はこうした努力を一瞬でも怠《おこた》るわけにはいかない。そこにデフレ時代の厳しさがある。

エネルギー開発は世界経済の新たな成長の原動力

二〇一三年一月、アルジェリアの天然ガス関連施設で起きた人質事件で、日本人十名が命を落とした。天然ガス・プラント襲撃による犠牲者は、国籍別でみるとわが国が最多である。十人目に確認された死者は、プラント建設大手・日揮の最高顧問であった。日揮は一九六〇年代から、他国の企業に先駆けてアルジェリアに進出、プラントの開発に携わっている。

二〇〇七年以降、アフリカ大陸においてはニジェール、モーリタニアやチュニジアなど、アルカイダに関係した武装勢力、犯罪組織による誘拐、襲撃が連続して発生した。

二〇一三年一月二十七日には、イスラム武装勢力と思われる一団がアルジェリアのガスパイプラインの爆破を企てた。アルジェリアの首都アルジェから南東百二十五㎞のジェバヒヤでパイプラインの警備員を襲撃し、アルジェリア軍と銃撃戦を展開し、警備員二名が死亡したという。

アルジェリアの天然ガス・プラントのような大型プロジェクトには、多くのリスクがともなう。テロ以外においても、巨額な投資資金と人的支援が必要となる。

たとえばアメリカの場合、投資に必要な原資については、ニューヨークの金融センターで利益を求めてうごめく〝余裕資金〟の蓄積を振り向ければよい、とこれまで考えられてきた。

ただし、そのためにはいくつもの手続きと、具体化するための投資計画の策定が必要であり、運用に責任をもつ主体も求められる。余裕資金をこうした大型プロジェクトの原資に振り向ければよいというのは、たんなる〝空論〟に終わる危険性が存在していることもまた、十分に理解しておく必要がある。

しかし、それでもなお二十一世紀の世界経済は、率直な表現を使うなら、新しいエネルギー資源の開発と、資源の輸送に必要な大型プロジェクトの成否によって大きく影響を受けることは免れない。

これら大型のプロジェクトが、二十一世紀の世界経済の新たな成長の原動力となる。大型エネルギー・プロジェクトが成長の基盤を提供するものである以上、これに全力を挙げて取り組むことこそが、安倍首相をはじめ世界の大国の指導者に課せられた大きな責任の一つなのである。

世界市場に参加するためには、世界各国のどの国においても、経済政策の基本を「自由化路線」に置かざるを得ない。自由化路線とは第一に、国内市場の開放であり、第二に、経済活動に対する規制の撤廃であり、第三に、「小さな政府」の確立である。この三つを柱とする「自由化政策」を次々に導入する一種の国際競争が、まさにいま地球規模で展開されている。

この競争の枠からはみ出た経済政策の選択は、いかなる国家においても成立しないし、また許容されないということを理解しておく必要があるだろう。

したがって、いかなる困難があろうとも、日本は国家として今後もアフリカを軽視したり、そこから逃避するようなことがあってはならない。

政府の保護はプラスにならない

アフリカにかぎらず、世界のどの国においても、自国の国内市場を外国の製品、あるいは企業の進出から保護しようとすれば、前述した国際競争とは逆行するのであって、こうした動きや考え方は、二十世紀の終焉《しゅうえん》とともに幕を閉じた。二十一世紀の世界の経済活動の第二の特徴は、徹底した自由競争のもとに置かれるということである。

もし、ある企業が政府の保護を受けなければ存立し得ないと考え、政府の保護を受けようと政治的に働きかけるとするならば、それはある意味で自殺行為を冒すことになると考えるべきだ。二十一世紀の世界経済のなかで、政府の保護を求めるということは、明らかに競争力を強化するのにプラスにならない。むしろ逆であって、政府の保護が提供されるということは、競争力が衰え、かつまた低下していく、なによりの証拠となる。

政府の保護を受けて経済活動を展開せざるを得ない企業やその業種があったとすれば、それは国際競争に敗れた結果である。また同時に、それは率直にいって、その企業や業種がもはや経済界では存立の余地がないということである。この動きは凄《すさ》まじいまでの激しさをともなって、二十一世紀を通じていっそう定着していくはずだ。

すでに世界全体にわたって、凄まじいまでの販売競争、かつまたコストの切り下げ競争が展開されている。そして、コストを少しでも切り下げたければ、まず全力を挙げて技術水準の向上に努力しなければならない。コストを切り下げるのにもっとも有効、適切な方策は、より少ない原材料と労働力を有効に活用し、立派に販売しうるだけの品質・性能をもった製品しかつくらない、ということである。

換言すれば、技術水準を高め、良品歩留《ぶど》まりを上昇させるということを、日本企業はどの国の工場であっても達成しなければならない。良品歩留まりが後退し、低下していくならば、アジアやアフリカのように安い原材料、低い賃金水準であっても、トータルとしての生産コストは上昇せざるを得ない。これは生産の鉄則である。

良品歩留まりが低下すれば即、競争に敗れるということであって、技術水準を高めるということだけではなく、企業の経営内容の管理体制を強化し、「いっさい不良品をつくらない」という厳しい経営の選択が求められている。

トリリンガル、クアトロリンガルの世界へ

また、こうした良品歩留まりを改善し、向上させようという経営管理体制の強化と同時に、もう一つの重要なポイントは、人事管理制度の徹底した管理・改革である。

二十世紀の人事管理制度とは違った、新しいパターンの導入が必要となってくる。

一つの例でいえば、言語の問題がある。日本企業においても、国際化すればするほど、経理管理に必要な言語が多様化する。社内でさまざまな言語が使用されることになる。バイリンガル（二カ国語）程度ではなく、トリリンガル（三カ国語）、クアトロリンガル（四カ国語）の世界になるということだ。

これは大きな変化である。企業のみならず個人においても、国籍という制約が急速に低減しており、ひと昔前にいわれた〝多国籍化〟ではなく、すでに〝マルチナショナル化〟の時代が到来している。

地球上には、低技能ではあるが豊富な労働力に支えられ、経済活動をいっそう発展させることに全力を挙げて努力しようとする国家が存在する。これは新興国の政府にとっても、いまや達成しなければならない目標である。先進国でも、有権者が政権を選ぶ場合に〝経済〟が選択の基準になるのと同様に、新興国においても、国民の生活水準を向上させることに成功した政党、あるいは政治家が政権を有することが可能になる。その逆であれば、即座に自由選挙を通じて政権から追われるというかたちで、一種の「自然淘汰《とうた》」が展開される。

企業の研究開発こそ二十一世紀の最大の特徴

そうした〝経済による選択〟が進んだ場合、次から次へと経済活動に参入してくる新興国の豊富な労働力に支えられた大量の工業製品、とくに消費財、あるいはサービスの供給の増加に対し、一挙にそれを上回るだけの需要の発生はあり得ない。したがって世界全体にわたり、あらゆる商品、サービスについては一貫して〝供給過剰〟が特徴になる。そして、この供給過剰が右肩下がりの価格下落の背景である。

企業経営者はこれに対処するために、生産コストを引き下げるべくリストラに取り組むが、その効果が出る以前に、価格下落はより速い速度で展開していく。すなわちデフレの価格下落が本格的に展開しはじめた分野においては、リストラに取り組んでも、その効果は限定的なものにならざるを得ない。

その最大の理由は、リストラの中心ともいうべき労働力コスト、賃金コストの削減が、思うように展開できない点にある。どの国の政府、あるいは民間企業においても、リストラに取り組むべく全力を挙げ、賃下げに努力したとして、賃金とは一定の労働力を提供した人間に対する報酬であり、その人間が企業経営者に対して、自分の権利として認められている「団結権」「争議権」を活用して、徹底的に賃下げに抵抗する。したがって賃下げを達成しようとしても、それはきわめて限定的な効果しか予測できない。

では、企業経営者はどうすればよいのか。それは徹底した技術の向上、研究開発の強化である。これまで支配的であった生産技術とは比較にならない高度な生産技術を開発し、導入することによって、生産コストを引き下げる。同時に、従来の製品とはまったく性能、機能を異にする高度な技術を織り込んだ新製品を提供することによって、あらためて右肩下がりの価格下落の影響を免れるチャンスをつかむことが可能になる。これは製造業にかぎらず、流通であれ、サービスであれ、金融であれ、すべての分野について当てはまる。

さらに、こうした研究開発に全力を挙げて努力する必要は、別の観点からも生ずる。それは、経済活動が地球規模で進展すればするほど、それにともなって発生する大量のエネルギーの消費による地球環境の汚染をいかに防止していくかという課題に人類が直面するからである。地球環境の保全と経済成長を両立させるための方策は、技術水準の向上以外に選択の余地がない。したがって、企業の研究開発こそが二十一世紀の最大の特徴であって、それは今後も不変であるといってよい。

エネルギー競争のカギを握るアフリカ大陸

以上のことから今後、広く世界全体に目を配るならば、アフリカ大陸の存在を無視するわけにはいかない。アフリカ大陸には、まだまだ可能性が眠っている。とくにアフリカ諸国で生産される原油と天然ガスを先進国のエネルギー資源としてどのように活用していくかということが、大きくクローズアップされている。

わけても天然ガスの開発は、これまで石油（原油）を中心に価値を置いてきた世界経済の認識を一変させている。

そもそも「原油高」には、一定の限度が存在する。石油、石炭、原子力など種別を問わず、一次エネルギーが具体化されたエネルギー商品のあいだには、激しい品種間競争が展開されているからである。

最大の一次エネルギー消費者は、世界各国どこでも電力会社である。電力会社は電気料金の基本となるエネルギー消費コストを、極力低く抑えなければならない。そのためには、原油が高ければ、燃料を石炭に替えるか、あるいは天然ガスにシフトすることになる。もちろん、火力発電所で燃料源を転換するには、それなりの設備投資が必要であり、いったん転換してしまえば、これを〝再転換〟するのはきわめて重大なリスクをともなう選択である。

しかし、長期にわたって原油高が継続するという見通しになれば、世界の電力会社はいっせいに石油製品を燃料とする火力発電所のボイラーを変えて、より安いエネルギー商品による発電を行なうようになる。天然ガスに燃料源を転換するのは、したがって当然、考えられる選択である。

こうして、いったんエネルギー源が転換されれば、原油が大幅に値下がりし、しかもその低水準が長期にわたって継続するという見通しが立たないかぎり、再転換する可能性は絶無といわなければならない。

したがって、これまで〝原油高〟で潤《うるお》っていた産油国の指導者たちが、高値の原油価格を放置しつづけることは、自らの首を絞めることに等しい。そのことを十分に承知し、理解して、原油政策を立案せざるを得ないのである。となれば、原油高というものは、五年も十年も継続する長期的な現象ではない。

石油は、けっして単独で存在しているエネルギー商品ではない。激しい競争を繰り広げている天然ガス、原子力の存在を無視して、その価格水準を維持することは不可能である。原油だけが一方的に、長期的高値を維持するということは、もはや過去になったといわざるを得ない。

中東を舞台に、原油高に由来する〝第三次石油ショック〟のようなものは起こり得ない。中東はエネルギー競争の主なプレイヤーではあるが、これまでのように独占的な立場を維持することは、もはやあり得ない。

その代わりに、天然ガスをはじめとしたさまざまな資源を有し、エネルギー競争のカギを握るのが、先述したアフリカ大陸である。

世界経済が成長する前提条件

数えてみれば、地球上にはまだ「未開発」の地域が少なくないことに気づく。アフリカの未開発地域に眠っている豊かな資源をどのように有効に開発し、活用していくのか。これは二十一世紀を通じて人類全体に課せられた課題といってよい。

ただし、その課題に取り組む前提条件として、世界が安定していなければならない。大規模な戦争がないからこそ、発展途上国のいくつもの地域で、本格的な資源開発が可能になる。

世界が平和のもとにあるかぎりにおいて、今後も新しい資源の供給源が開拓され、それにともない、いままでに注目されていない国が高度成長を実現できる。これは、世界経済が復活し、発展していくプロセスそのものを意味している。

繰り返すが、世界経済が成長する前提条件は、戦争のない平和な状態を維持することである。アルジェリアのようなプラントへのテロに対しては、機関銃ほか重武装をともなったガードマンが必要である。世界規模でみれば、日本が中国の威嚇《いかく》に惑わされず、軍事大国アメリカとの緊密な関係を保ちつづけることが、海外に進出する日本企業の安全を確保し、より多くの国富を得ることにつながるだろう。

これまで世界経済が発展してきた理由に、圧倒的な軍事力を背景にした〝アメリカ一極支配体制〟があったことは疑いない。安定的な体制は、大規模な戦争を抑止し、世界経済を発展させることに寄与するはずである。

テロと戦争はまったく別物である。アフリカ大陸においては、連日のように激しい内戦が繰り返されている。これによって国土の崩壊、経済活動の停滞、さらにまた大量の人命の損耗というかたちで、現地住民や進出する外国企業の被《こう》る被害《む》はわずかなものではない。安定した生活を保障されている先進工業国の人びとからみれば、およそ想像を絶するような〝残虐行為〟が日常不断に繰り返されているのが、これらの地域の現状なのである。すべての人類が、共通して明るく安定した、同時にまた将来に対する確信と期待に満ちた生活を保障されるには、まだ遠い状況である。

しかし、それでも二十世紀とは異なり、大国間で激しい武力行使をともなう〝大規模な戦争〟が再燃する恐れはもはやない。

人類はこれまで、①第一次世界大戦、②第二次世界大戦、③冷戦の三度にわたる〝大戦争〟を経験してきた。これら三つの大戦争でいずれも勝者であり続けたアメリカは、いまなお中国を凌《しの》ぐ世界最強の軍事力を保持している。二十世紀末から二十一世紀の現在まで、アメリカに対等の戦争を遂行するに至る軍事力を保持する国家は存在しない。

振り返れば、一九九一年の「湾岸戦争」、さらに二〇〇三年の「イラク戦争」を通じても、アメリカの発揮した戦闘力は同盟国であるイギリスほか、諸国を圧倒していた。イギリスにおいては、イラク戦争で米英肩を並べて第一線で戦争することをアメリカ軍から拒否されたほどである。こうした圧倒的な軍事的優位に立つアメリカと、崩壊の危機にさらされた中国を比較してみた場合、日本政府と企業が進むべき道はどちらか。筆者は本書の読者とともに、その結論が明らかであることを確認するものである。

日本抜きのアジア経済はあり得ない

最後に、日本企業が進むべき道を策定するにあたり、忘れてはならないことがある。それは、「日本を抜きにしたアジアの経済は存在しない」という大前提である。日本を含めた東アジア全域の世界経済に占める割合は、いまや二〇％超へと膨れ上がった。その中核国としての日本の存在は、日本国民が意識している以上に大きなものがある。また、日本を含めた東アジア全域では約三十億人の人口を擁《よう》している。地球全体の人類の四割以上が、この地域に存在しているということをあらためて認識しなければならない。日本という「経済大国」の存在が、これからも東アジアに欠かせないことは明らかである。

二十一世紀において、デフレが定着していく過程で、この地域の発展にとって最大の障害となるのが「米中冷戦」である。この冷戦が解消される時点において、東アジア地域の経済活動が、おそらく他の地域よりもはるかに大きく、かつまた際立った成功をもたらすものと判断してよいのではないだろうか。そのなかで日本企業のもつ技術力、研究開発力は、人類全体を引っぱる最強の原動力であるということも認識しておく必要がある。それこそがデフレ時代に、日本の果たすべき役割なのである。

〈著者略歴〉
長谷川慶太郎（はせがわ　けいたろう）
1927年、京都府生まれ。53年、大阪大学工学部卒。国際エコノミスト。新聞記者、雑誌編集者、証券アナリストを経て、63年に独立。83年、『世界が日本を見倣う日』で第３回石橋湛山賞を受賞。86年、『日本はこう変わる』（徳間書店）で大きく転換発展する日本経済を描き、ベストセラーに。近著に、『シェールガス革命で世界は激変する』（共著／東洋経済新報社）、『2013年 長谷川慶太郎の大局を読む』（ビジネス社）などがある。
公式サイト◉http://www.hasegawa-report.com/

日本企業の生きる道。
ユーロ崩壊と中国内戦に備えよ！

2013年３月22日　第１版第１刷発行

著　　者　長谷川慶太郎
発行者　小林成彦
発行所　株式会社ＰＨＰ研究所
東京本部 〒102-8331　千代田区一番町21
書籍第一部 ☎03-3239-6221（編集）
普及一部 ☎03-3239-6233（販売）
京都本部 〒601-8411　京都市南区西九条北ノ内町11

PHP INTERFACE　http://www.php.co.jp/

制作協力
組　　版　有限会社メディアネット

印刷所　株式会社精興社
製本所　株式会社大進堂

ISBN978-4-569-80987-8